카네기 인간관계 만화로 재구성한
30가지 따라하기

만화로 재구성한
카네기 인간관계 30가지 따라하기

1판 1쇄 찍음 / 2004년 3월 01일
1판 4쇄 펴냄 / 2017년 3월 27일

지은이 / 데일 카네기
엮은이 / 이영권
그린이 / 원유수
펴낸이 / 배동선
마케팅부 / 최진균
총무부 / 이다혜
펴낸곳 / 아름다운사회

출판등록일자 / 2008년 1월 15일
등록번호 / 제2008-1738호

주소 / 서울시 강동구 성내동 419-28 아트빌딩 2층 (우: 05403)
대표전화 / (02)479-0023
팩시밀리 / (02)479-0537
E-mail / assabooks@naver.com

Korean Translation Copyright ⓒ 2004 by Beautiful Society Publishing Co.
Printed & Manufactured in Seoul, Korea

이 책의 한국어판 저작권은 도서출판 아름다운사회에 있습니다.
저작권법에 의해 한국내에서 보호를 받는 저작물이므로
무단전재와 무단복제를 금합니다.

ISBN 89-5793-032-9 03810

9,500원

* 잘못된 책은 교환해 드립니다.

카네기 인간관계 만화로 재구성한
30가지 따라하기

머리말

인간관계 원칙을 쉽고 재미있게 배우자!

　인간관계를 맺는 일은 사업을 하는 사람, 직장을 다니는 사람, 가정주부, 학생, 남녀노소 나이를 불문하고 모두에게 관련이 있는 일이며, 누구나 원만한 인간관계를 구축하고 싶어 합니다.

　오래 전에 카네기 재단의 후원으로 행한 조사에서 매우 중요한 사실을 한 가지 발견했습니다. 조사의 주제는 "성공한 전문 엔지니어들의 유력한 성공 요소는 무엇인가?"였습니다.
　조사 결과는 의외였습니다. 엔지니어와 같은 전문 기술자들이 성공하기 위해서는 우수한 능력이나 전문 지식만 갖추면 될 거라는 생각을 했던 거죠. 하지만 그런 기술적 능력과 지식으로 성공한 사람은 전체 조사 대상자의 15%에 불과 했습니다. 나머지 85%의 성공 엔지니어들은 자신의 성공 요소를 '원만한 인간관계 기술', '사람을 움직일 수 있는 능력'으로 꼽았다고 합니다.

　이러한 사실은 비단 엔지니어들에게만 해당되는 이야기가 아닙니다.
『만화로 재구성한 카네기 인간관계 30가지 따라하기』는 인간관계론의 명저 『카네기 인간관계론』이 지니고 있던 다소 딱딱하고 지루한 부분들을 보완하기 위해 만화라는 형식을 빌려 재구성한 책입니다.
　특히 시간적 여유도 없고, 이론서에 대한 맹목적 거부감과 부담감을 느끼고 있는 사람들은 좀 더 쉽고 편하게 인간관계론을 배울 수 있을 것입니다.

훌륭한 연장도 잘 갈고 닦아야 녹슬지 않는 법입니다. 이 책으로 인생에 대한 자세와 인간관계 비결들을 다시 가다듬기 바라면서, 건강한 마인드와 유쾌한 삶을 유지하고자 노력하는 모든 사람에게 이 책을 바칩니다.

『만화로 재구성한 카네기 인간관계 30가지 따라하기』는 카네기 원서에 담긴 이론적인 부분들에 충실하면서도, 그 안에 숨어 있는 에피소드들을 시각적으로 표현한 책입니다. 카네기의 원서를 살펴보면 크게 4가지 인간관계 대원칙 아래, 총 30가지의 작은 원칙들을 담아내고 있다는 것을 알 수 있습니다.

이 책은 카네기의 기본 정신과 철학에 입각해 30가지 기본 원칙들을 충실히 짚어주고, 그 안에 숨은 명사들의 이야기를 입체적으로 그려내고 있습니다.

세계적으로도 유명한 미국의 역대 대통령 링컨, 루즈벨트, 윌슨의 역사적 에피소드에서부터 석유왕 록펠러, 강철왕 카네기와 같은 성공 사업가 그리고 에머슨이나 윌리엄 제임스, 벤자민 프랭클린과 같은 위대한 사상가들의 이야기까지 모두 쉽고 재밌게 우화적으로 그리고 있어, 단 한 권의 책으로 30인의 명사와 30가지 색깔로 만날 수 있는 굉장한 기회를 얻을 수 있다는 것이 이 책의 가장 큰 장점입니다.

카네기와의 짧은 만남을 통해 당신의 인생에 신선한 자극을 불어 넣으십시오!

이 영 권

이영권 박사가 재미있게 구성한
성공학의 고전, 카네기 인간관계론

CONTENTS

1부. 사람을 움직이는 3가지 비밀
01. 비난이나 비평, 불평하지 말라! 11_
02. 솔직하고 진지하게 칭찬하라! 23_
03. 다른 사람들의 마음 속에 강한 욕구를 불러일으켜라 31_

2부. 같이 있으면 편안하고 기분 좋은 사람들의 6가지 비밀
04. 다른 사람들에게 순수한 관심을 기울여라 41_
05. 미소를 지어라! 50_
06. 이름을 잘 기억하라 62_
    당사자에게는 자신의 이름이 그 어떤 것보다 기분 좋고 중요한 말임을 명심하라!
07. 경청하라! 70_
    다른 사람의 이야기를 진심으로 그리고 사려깊게 들어주어라
08. 상대방의 관심사에 대해 이야기하라! 79_
09. 상대방으로 하여금 자신이 중요하다는 느낌이 들게 하라 85_
    단, 성실한 태도로 해야 한다

3부. 자신의 의도대로 상대방을 설득하는 12가지 방법
10. 논쟁에서 이길 수 있는 유일한 방법은 그것을 피하는 것이다! 97_
11. 상대방의 견해를 존중하라 109_
    결코 "당신이 틀렸다."고 말하지 말라!
12. 잘못을 했으면 즉시 분명한 태도로 그것을 인정하라 123_

카네기 인간관계 만화로 재구성한 30가지 따라하기

13. 우호적인 태도로 말을 시작하라   131_
14. 상대방으로부터 적극적인 긍정을 얻어내라   139_
15. 상대방의 말에 귀를 기울여라   147_
16. 상대방과 당신의 아이디어를 공유하라   151_
17. 상대방의 입장에서 사물을 이해하라   155_
18. 상대방과 공감대를 가져라   159_
19. 보다 고상한 동기에 호소하라   167_
20. 당신의 생각을 드라마틱하게 표현하라   173_
21. 선의의 경쟁심을 불러일으켜라   177_

4부. 21세기형 리더가 될 수 있는 9가지 방법

22. 칭찬과 감사의 말로 시작하라   183_
23. 잘못을 간접적으로 알게 하라   189_
24. 상대방을 비난하기 전에 자신의 잘못을 먼저 인정하라   193_
25. 직접적으로 명령하지 말고 부탁하라   195_
26. 상대방의 자존심을 지켜주어라   197_
27. 사소한 일에도 칭찬을 아끼지 말라   199_
　또한 진전이 있을 때마다 칭찬을 하라. "동의는 진심으로, 칭찬은 아낌없이" 하라
28. 상대방에게 장점으로 동기부여하라   203_
29. 격려하라   205_
　잘못은 쉽게 고칠 수 있다고 느끼게 하라
30. 상대방이 기분 나쁘지 않게 제안하라   207_

이 책에서 최대의 효과를 얻기 위한 7가지 제안

1. 인간관계 원칙을 터득하기 위한 진지하고도 강한 의욕을 계발하라.

2. 이 책에서 제안한 인간관계 비법들을 생활 속에서 어떻게 실천할 것인지에 대해 늘 생각하라.

3. 매달 한 번씩 이 책을 반복해서 읽어라.

4. 이 책에 제시된 원칙들을 기회 있을 때마다 응용하라.
   항상 이 책을 곁에 두고 일상의 문제를 해결하는 지침서로 삼아라.

5. 가족이나 친구와 멋진 게임을 하라.
   예를들면 당신이 이 책의 원리들 중 하나를 위반하는 것을 지적해 줄 때마다 벌금을 내겠다고 제안하라.

6. 당신에게 나타나는 변화를 체크하라.
   자신의 과오가 무엇인지 어떤 개선을 했는지, 미래를 위해 어떤 교훈을 얻었는지 자신에게 물어보라.

7. 책의 여백을 활용하라.
   이 책의 원리들을 어떻게 응용했는지 실행한 방법과 그 날짜를 기록해 보라.

사람을 움직이는 3가지 비밀

1

01. 비난이나 비평, 불평하지 말라!
Don't criticize condemn or complain.

02. 솔직하고 진지하게 칭찬하라!
Give honest, sincere appreciation!

03. 다른 사람들의 마음 속에 강한 욕구를 불러일으켜라.
Arouse in the other person an eager want.

01 비난이나 비평, 불평하지 말라!

1863년 7월 4일, *게티스버그 전투에서 패배한 남군의 *리 장군 진영

와- 와아-

와아아아아

*게티스버그 전투 : 미국 남북전쟁 중 1863년 7월 1일~3일까지 벌어진 남군과 북군의 전투
*리장군 : 남북전쟁 당시 남군장교로 게티스버그 전투의 지휘관

사람을 움직이는 3가지 비밀　11

*링컨 : 미국의 제16대 대통령(재임 1861~1865)
*미드장군 : 게티스버크 전투 당시 북군 제 3군단의 지휘관

친애하는 미드 장군!

……〈중략〉
리 장군의 탈출로 인해 우리는 커다란 손실을 입게 되었습니다.
만약 그를 추격했다면 전쟁은 틀림없이 종결되었을 것입니다.
귀하는 천재일우의 기회를 놓쳐버리고 말았습니다.
더 이상 귀하의 활약을 기대한다는 것은 어리석은 일 같군요.
실망스럽습니다.

하지만 내가 직접 전쟁터에서 죽어가는 병사들의 신음소리와 유혈이 낭자한 모습을 진절머리나게 보았다면 나조차 선뜻 공격할 마음이 생기지 않았을지도 몰라. 만약 내가 미드 장군처럼 성격이 소심했다면 나 역시 그렇게 했을 거야.

이미 지난 일을 가지고 왈가왈부해봐야 서로에게 상처만 남길 뿐이지.

내가 만약 참지 못하고 감정적으로 대응한다면 유능한 장군을 잃게 될지도 몰라.

누구라도 비난하고 비평하고 불만을 늘어놓을 수 있습니다.
하지만 감정적 대응으로 원하는 것을 얻는 사람은 없습니다.

'위인은 소인을 대하는 태도에서 그 위대함을 나타낸다'라는 말이 있습니다.

링컨은 '신랄한 비난과 힐책'은 결국 문제를 해결해 줄 수 없음을 알고 있었기에 편지를 보내지 않았던 것입니다.

흔히 부모들은 아이들이 작은 실수를 해도 그것을 꾸짖곤 합니다.

이제는 아이를 꾸짖는 일이 생기면 작가 리빙스톤 라니드가 쓴 『아버지는 잊어버린다』를 떠올리십시오.

가끔은 매우 작은 사실들이 깊은 감명을 주기도 한다는 것을 직접 느끼게 될 것입니다.

아버지는 잊어버린다

W. 리빙스톤 라니드

아들아! 내 말을 들어 보렴.

축축한 곱슬머리를 이마에 늘어뜨리고 작은 손을 베개 삼아 잠들어 있는 네 모습은 정말로 천사같구나.

이렇게 네 방에 몰래 들어와 잠자고 있는 네 모습을 보니 몇 분전에 서재에서 서류를 읽고 있을 때의 일이 후회스럽구나.

아들아. 나는 그동안 너에게 너무도 까다로운 아버지였다.

네가 아침에 일어나 학교에 가기 위해 옷을 입을 때 세수를 제대로 하지 않았다고 꾸짖곤 했지. 신발이 깨끗하지 못하다고 비난했고 물건을 함부로 마룻바닥에 던져 놓는다고 화를 내기도 했었지.

밥을 먹을때도 마찬가지였다.

음식을 흘린다거나 잘 씹지도 않고 삼킨다고 꾸짖었지. 그리고 식탁에 팔꿈치를 올려놓지 말라고 잔소리를 하고 빵에 버터를 너무 많이 바른다고 혼내기도 했다.

그래도 너는 학교로 향하면서 출근하는 나에게 밝게 말했지.

"잘 다녀오세요. 아빠!"

그때 나는 잔뜩 얼굴을 찌푸리며 대답했다.

"어깨 좀 펴고 걸어라."

아들아, 기억하고 있니?

조금 전 내가 서재에서 서류를 읽고 있을때 너는 약간 겁먹은 듯한 표정으로 머뭇거리며 들어왔잖니. 나는 서류에서 잠깐 눈을 떼고는 일을 방해 받은 것에 짜증을 내며 퉁명스럽게 물었지.

"무슨 일이냐?"

너는 아무 말도 하지 않고 쪼르르 달려와 내 목을 껴안고 뽀뽀를 해 주었다. 너의 작은 팔에는 하나님이 네 마음속에 꽃피운 애정이 듬뿍 담겨 있었지. 그것은 어떤 냉정함에도 시들 수 없는 애정으로 가득 차 있었단다.

그리고 너는 문 밖으로 나가 쿵쾅거리며 계단을 뛰어 올라 네 방으로 갔지. 나는 순간적으로 서류를 마룻 바닥에 떨어뜨렸고 심한 자책감에 사로잡히고 말았단다.

'언제부터 나에게 잘못만 찾아내는 버릇이 생긴 것일까?'

그것은 너를 착한 아이로 만들려다가 생긴 버릇이란다. 너를 사랑하지 않아서 그런 것이 아니고 어린 너한테 너무나 많은 것을 기대했기 때문이란다. 나는 나 자신의 잣대로 너를 재고 있었던 셈이지.

그럼에도 불구하고 밝고 명랑하고 진솔한 성격을 지닌 아이로 자라주어 정말 고맙다. 너의 마음은 넓은 언덕 위에 비치는 새벽 빛처럼 한없이 넓단다. 그것은 퉁명스런 내 태도에도 아랑곳하지 않고 내게 달려와 뽀뽀를 해주던 네 행동에 잘 나타나 있다.

얘야, 나는 지금 어두운 네 침실에 들어와 무릎을 꿇고 나 자신을 부끄러워하고 있단다. 물론 이것은 작은 속죄에 지나지 않지. 그리고 지금 네게 이런 이야기를 해 준다고 해도 이해하기가 쉽지 않을 것이다. 어쨌든 내일부터 나는 참다운 아버지가 되겠다.

나는 너와 사이좋게 지내고 네가 고통을 당할 때 같이 괴로워하고 네가 웃을 때 나도 웃겠다. 너를 꾸짖는 말이 튀어 나오려고 하면 혀를 깨물어서라도 그것을 멈추고 의식적으로 나 자신에게 이렇게 말할 것이다.

"우리 애는 아직 작은 어린아이에 불과하다."

너를 어른처럼 대해 온 것을 부끄럽게 생각한다. 지금 침대에 누워 자는 네 모습으로 보니 아직 네가 어린애에 지나지 않는다는 것을 보다 확실히 알겠구나. 얼마 전까지만 해도 너는 머리를 엄마의 어깨에 기대고 그 품에 안겨 있었지.

내가 너무도 많은 것을 요구했었구나.

너무도 많은 것을……

하나님께서도 인간이 죽을 때까지 심판하지 않는다.
그런데 왜 우리는 서로를 심판하려 하는가

따라하기-첫 번째 01

비난이나 비평, 불평하지 말라!
Don't criticize condemn or complain.

02 솔직하고 진지하게 칭찬하라!

이번 장에서는 타인을 자발적으로 움직이도록 만드는 요령에 대해 알아볼까요?

자발적이라고 하면 스스로 원해서 하도록 만든다는 얘긴데 매우 흥미롭지 않나요?

어떻게 하면 스스로 하고 싶어 안달이 나도록 만들 수 있을까요?

봉사 활동 하고 싶어요-

당신은 안돼!

사람을 움직이게 하는 유일한 방법은 상대가 바라고 원하는 것을 주는 것입니다.

당신이 바라고 원하는 것은 무엇입니까? 존 듀이에게서 그 대답을 들어 볼까요?

*존 듀이 : 미국의 도구주의 철학자이자 교육학자(1859~1952)

전설적인 유태계 거부, *록펠러가 사업 파트너의 실수 때문에 고민하던 어느 날 밤이었습니다.

남미로 간 에드가 계약 실수로 회사에 백만 달러나 손해를 입혔다고?

난감하군. 하지만 이미 엎질러진 물이 아닐까? 그래도 투자금의 60%를 회수했다니 그로서는 최선을 다한 셈이지…….

그래, 훌훌 털어버리자. 그의 가능성을 믿어보는 거야.

당장 그를 만나야겠어.

*록펠러 : 미국의 석유왕이라 불리는 실업가이자 자선사업가(1839~1937)

*찰스 슈와브 : 미국 최초 연봉 1백만 달러 이상을 받았던 US철강회사 사장

강철왕 앤드류 카네기는 공적인 자리에서 뿐만 아니라 개인적으로도 자신의 직원들에 대한 칭찬을 아끼지 않았던 것으로 유명합니다.

그는 죽어서까지도 주변 사람들을 칭찬하는 묘비명을 썼습니다.

> 자기보다 현명한 인물들을 주변에 모이도록 할 줄 알았던 자, 여기에 잠들다!

비난이나 비웃음은 실패를 불러일으키지만, 진심어린 칭찬은 좋은 결과를 가져다 줍니다. 비난은 마음에 상처만 남길 뿐입니다.

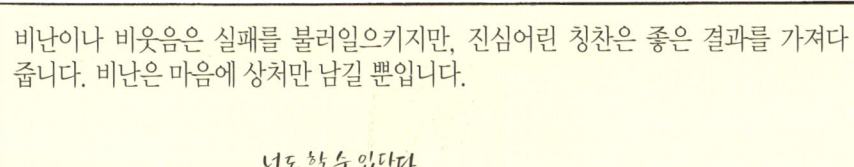

제가 매일 아침마다 보게 되는 거울에는 이런 글이 붙어 있죠.

나는 이 길을 꼭 한 번만 지나간다. 그렇기 때문에 다른 사람에게 뭔가 좋은 일을 할 수 있거나 친절을 보일 수 있다면 나는 즉시 행동으로 옮기겠다. 다시는 이 길을 지나가지 않을 것이므로 결코 그것을 지체하거나 뒤로 미루지 않겠다.

*랄프 왈도 에머슨 : 미국의 사상가이자 시인(1803~1882)

따라하기 - 두 번째 02

솔직하고 진지하게 칭찬하라!
Give honest, sincere appreciation!

03 다른 사람들의 마음 속에 강한 욕구를 불러일으켜라

사람은 누구나 자신이 원하는 것에 무척 관심이 많습니다.

그러나 다른 사람이 원하는 것에 관심을 두는 사람은 많지 않습니다.

사람은 모두 조금은 이기적이어서 자기가 원하는 것에만 관심을 갖기 마련입니다. 따라서 다른 사람을 움직일 수 있는 유일한 방법은 그들이 원하는 것에 관심을 가져주고 그것을 얻을 수 있도록 돕는 것입니다.

이것을 잊고서는 사람을 움직일 수 없습니다.

특히, 상대방으로부터 원하는 반응을 이끌어 내려면 이 점을 명심해야 합니다.

난 그 책을 원해요

저도 그래요

예를 들어, 자녀로 하여금 담배를 끊도록 하고 싶다면 길게 설교를 늘어놓거나 경험담을 들려줄 필요가 없습니다.

어디가서 내 아들이라 하지마라

알았어요

사람을 움직이는 3가지 비밀　31

마침내 아빠가 자신의 어리석음을 깨닫고 아이의 입장을 헤아리게 되었던 것입니다.

그동안 여러 차례나 괴롭힘을 당해 온 아이의 마음 속에 옆집 아이에게 한 방 먹여주고 싶다는 욕망이 강하게 자리잡고 있다는 것을 알게 되었던 것입니다.

옆집 아이를 이겨야겠다는 욕망이 강했던 아이는 시금치, 양배추 무침, 고등어 조림 등 무엇이든 가리지 않고 잘 먹게 되었던 것이죠.

"얘야, 네가 잘 먹으면 힘이 세지고 누구든 이길 수 있단다."
이 한 마디로 아이는 더 이상 식사 문제로 말썽을 부리지 않았습니다.

*해리 A. 오버스트리트 : 『인간의 행동을 지배하는 힘』을 저술한 심리학자이자 하버드대학 교수

따라하기-세 번째 03

다른 사람들의 마음 속에 강한 욕구를 불러일으켜라.
Arouse in the other person an eager want.

같이 있으면 편안하고 기분 좋은 사람들의 6가지 비밀

04. 다른 사람들에게 순수한 관심을 기울여라
   Become genuinely interested in other people.

05. 미소를 지어라!
   Smile!

06. 이름을 잘 기억하라.
   당사자에게는 자신의 이름이 그 어떤 것보다 기분 좋고 중요한 말임을 명심하라!
   Remember that a person's name is to that person the sweetest and most important sound in any language.

07. 경청하라! 다른 사람의 이야기를 진심으로 그리고 사려깊게 들어주어라.
   Be a good listener. Encourage others to talk about themselves.

08. 상대방의 관심사에 대해 이야기하라!
   Talk in terms of the other person's interests.

09. 상대방으로 하여금 자신이 중요하다는 느낌이 들게 하라.
   단, 성실한 태도로 해야 한다.
   Make the other person feel important and do it sincerely.

04 다른 사람들에게 순수한 관심을 기울여라

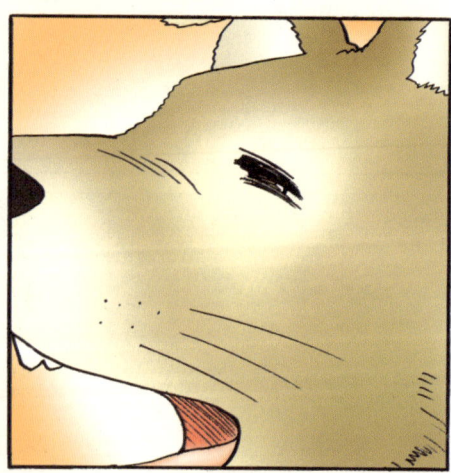

어린 시절 티피는 저의 가장 소중한 친구였습니다.

지금까지도 티피를 잊을 수가 없군요.

티피는 다른 사람에게 관심을 가지면 보다 많은 친구를 사귈 수 있다는 것을 가르쳐 주었죠. 하지만 세상에는 다른 사람에게 관심을 갖기 보다 다른 사람의 관심을 얻기 위해 애쓰는 사람이 더 많은 것 같습니다.

다른 사람에게 관심이 없는 사람은 삶을 살아가면서
많은 어려움을 겪게 되며 또한 다른 사람에게 해를 끼치게 된다.
인간의 모든 실패는 이런 타입의 인물에게서 비롯된 것이다.
- 알프레드 아들러의 『당신 인생의 의미는 무엇인가?』中에서 -

따라하기 - 네 번째 04

다른 사람들에게 순수한 관심을 기울여라.
Become genuinely interested in other people.

05 미소를 지어라!

오늘은 근사한 만찬회에 초대 받았습니다.

모두들 즐거워 보이는 군요. 저도 기분이 아주 좋습니다.

저는 이곳 말고도 여러 만찬회에 가보았는데, 언젠가 한 번은 막대한 유산을 상속 받은 여인이 주최한 만찬회에 참석한 적이 있었죠.

미소는 '나는 당신을 좋아해요. 당신은 나를 행복하게 해줍니다. 뵙게 되어 반갑습니다.' 라고 말하는 것과 같습니다.

강아지가 사람들에게 사랑받는 이유도 바로 그 때문입니다.
강아지는 우리를 보면 무척 반가워하면서 껑충껑충 뛰어오릅니다.
그래서 자연히 우리도 강아지를 보면 반가운 마음이 드는 거지요.

아이의 미소도 마찬가지입니다.

사람들에게 밝게 미소짓는 모습을 보여주십시오.

미소를 짓는 것이 어렵습니까?

예를 들어 재산과 지위가 비슷하고 동일한 장소에서 동일한 일을 하는 두 사람이 있다고 가정해 봅시다.

동일한 조건에서 한 사람은 행복을 느끼고 한 사람은 비참함을 느꼈다면, 그 이유는 무엇일까요?

바로 마음가짐이 다르기 때문입니다.

열대지방의 황폐한 열기 속에서 원시적인 도구로 열심히 땅을 일구는 가난한 농부들도 뉴욕이나 시카고 혹은 로스앤젤레스의 냉방시설이 잘 되어 있는 사무실에서 일하는 사람들과 마찬가지로 행복할 수 있습니다.

언젠가 저는 뉴욕에 있는 롱아일랜드 역 내의 계단을 오르면서 그 말이 사실임을 입증하는 광경을 목격한 적이 있습니다. 지금도 그 기억은 매우 생생하게 떠오릅니다.

*셰익스피어 : 영국 최고의 극작가이자 시인으로 4대 비극을 비롯한 37편의 희곡과 여러 편의 시집을 집필 (1564~1616)

신체적인 결함에도 불구하고 저토록 밝고 쾌활하다니…….

너무 뜻밖의 모습이라 저는 그들을 인솔하고 있던 사람에게 다가가 그 이유를 물었습니다.

아~ 네! 처음에는 저 아이들도 일생을 불구자로 살아야 한다는 생각에 충격을 받았었죠.

하지만 충격을 극복하고 나면 대개 자신의 운명을 적극적으로 개척하며 정상적인 아이들과 똑같이 행복을 느끼게 됩니다.

몇 주일 후, 외로움에 지친 마리아는 마음을 고쳐 먹었습니다. '다른 사람이 먼저 다가오기를 기다리지 말고 내가 먼저 사람들에게 다가가자.'

그 후 그녀는 사람들을 만날 때마다 "안녕하세요?" 하며 환한 웃음을 보냈습니다.

덕분에 그녀는 많은 사람들을 사귈 수 있었고 그 중의 몇몇 사람과는 우정으로 발전하게 되었습니다.

수필가이자 출판업자인 *앨버트 허바드의 지혜로운 충고를 들어봅시다.

- 밖으로 나갈 때마다 턱을 안으로 당기고 머리를 꼿꼿이 세운 다음 숨을 크게 들이마셔라. 햇살을 바라보며 친구를 미소로 맞이하고, 악수를 나눌 때마다 정성을 다해라. 오해 받을까 두려워 말고 적에 대한 생각으로 단 1분 1초도 허비하지 말라. 하고 싶은 일을 확실히 결정한 다음, 옆길로 새지 말고 목표를 향해 곧장 전진하라. 당신이 하고 싶은 일에 대해서만 생각하라. 그러면 당신도 모르는 사이에 당신이 원하는 것을 이루기 위한 기회가 눈앞에 다가와 있음을 깨닫게 될 것이다. 이는 마치 산호층이 흐르는 조류 속에서 자기가 필요로 하는 것을 취하는 것과 같다.
- 마음 속에 당신이 되고 싶어 하는, 유능하고 정직하고 쓸모 있는 사람을 그려보라. 그러면 시간이 흐름에 따라 당신이 품고 있는 그 생각이 당신으로 하여금 그런 인물이 되도록 해줄 것이다.
- 생각은 매우 중요한 것이다. 올바른 정신 자세를 갖도록 하라.
- 용기, 정직과 같은 정신 자세를 가져라.
- 우리는 우리가 마음먹은 그대로 된다.
- 턱을 안으로 당기고 고개를 꼿꼿이 세워라. 인간은 미완성의 신이다.

*앨버트 허바드 : 『가르시아 장군에게 보내는 편지』의 저자이자 미국 로이크로프터 출판사의 설립자 (1859~1915)

몇 년전 뉴욕에 있는 어느 백화점에서 크리스마스 쇼핑으로 붐비는 동안 직원들이 시달리고 있는 것을 깨닫고 사장이 다음과 같은 소박한 철학이 담긴 광고를 냈습니다.

크리스마스에 보내는 미소의 가치

- 미소는 아무런 대가를 치르지 않고도 많은 것을 이루어 냅니다.
  미소는 받는 사람의 마음을 풍족하게 해주지만, 주는 사람의 마음을 가난하게 만들지는 않습니다. 미소는 순간적으로 일어나지만, 미소에 대한 기억은 영원히 지속됩니다. 미소 없이 살아갈 수 있을 만큼 부자인 사람은 없고, 그 혜택을 누리지 못할 만큼 가난한 사람도 없습니다. 미소는 가정의 행복을 만들어내며 사업에서는 호의를 베풀게 하고 우정의 표시로 나타내기도 합니다. 미소는 지친 사람에게는 안식이며 절망에 빠진 사람에게는 햇빛이고, 슬픈 사람에게는 태양이며 또한 모든 문제에 대한 자연의 묘약이기도 합니다. 그러나 미소는 살 수도 구걸할 수도 빌리거나 훔칠 수도 없습니다. 왜냐하면 미소는 누구에게 주기 전에는 아무런 쓸모가 없기 때문입니다.

- 그러므로 만일 크리스마스 쇼핑의 막바지 혼잡 때문에 저희 직원들 중 누군가가 너무 지친 나머지 미소를 보내 드리지 못한다면 그들에게 당신의 미소를 보내 주시지 않겠습니까?

- 왜냐하면 너무나 많은 미소를 준 나머지 더 이상 줄 수 있는 미소가 없는 이들이야말로 누구보다 더 미소가 필요한 사람이기 때문입니다.

따라하기 - 다섯 번째 05

미소를 지어라!
Smile!

06 이름을 잘 기억하라

당사자에게는 자신의 이름이 그 어떤 것보다
기분 좋고 중요한 말임을 명심하라!

정말 멋진 오솔길이죠?

이 길을 걷다보니 문득 생각나는 사람이 있군요.

언젠가 체신부 장관이 된
*'짐 팔리'와 인터뷰를 한 적이 있었죠.
제가 그 자리에서 성공 비결을 묻자,
그는 주저 없이 5만 명의 이름을
기억할 수 있는 능력 덕분이라고 하더군요.

정말입니까?

그럼요.
정말이죠.

진짜예요.
진짜.

*짐 팔리 : 미국의 민주당 전국 위원회 의장, 체신부 장관 역임

그는 타인의 이름을 기억해 주는 것이 상대방의 호감을 얻는 지름길임을 일찍부터 깨달았던 것입니다.

실제로 사람들의 이름을 기억하고 존중해 주는 자세로 성공한 사람들이 많습니다.

하지만 대다수의 사람들은 타인의 이름을 외우기 위해 시간과 노력을 투자하지 않습니다. 그리고는 늘 너무 바빠서 어쩔 수 없다는 핑계를 댑니다.

그러나 그들 중 누구도 *프랭클린 루즈벨트 대통령보다 더 바쁘지는 않을 것입니다.

*프랭클린 루즈벨트 : 미국의 제32대 대통령(재임 1933~1945)

루즈벨트 대통령은 다른 사람의 호의를 얻을 수 있는 간단하고도 중요한 방법을 알고 있었던 셈이죠. 누군가가 자신의 이름을 기억했다가 불러주면 인정받는 느낌과 함께 기분도 좋아지지 않습니까?

이제부터 타인의 이름을 기억하려 애써 보십시오.

누군가를 소개 받았을 때, 몇 마디 나눈 후 헤어지고 나면 우리는 보통 이름을 잊어 버리곤 하죠. 그래서야 인맥을 넓힐 수 있을까요?

A양, 오늘 즐거웠습니다.

만나서 반가웠어요.

이름이 뭐였지?

특히 정치가는 이 교훈을 잊지 말아야 합니다.

음..좋군.

유권자의 이름을 기억하려 애쓰는 것은 정치가로서 당연히 해야 할 일입니다.

제너럴모터스 사에서 일하는 '캔 노팅햄'은 주로 회사 구내식당에서 점심을 먹었습니다.

그러던 어느 날 그는 한 여성 요리사가 늘 얼굴을 찡그리고 있음을 알게 되었습니다.

그는 항상 그녀에게 음식을 주문하곤 했는데, 그날도

다음 날도, 그 다음 날도 그녀는 똑같은 표정이었습니다.

어느 날 캔은 그녀의 이름표를 보게 되었습니다.

그 다음날, 그는 활짝 웃으며 인사했습니다. "안녕하세요? 유니스!" 그러자 그녀는 처음으로 밝은 표정을 보이며, 평소보다 더 많은 음식을 담아 주었습니다.

따라하기 - 여섯 번째 06

이름을 잘 기억하라. 당사자에게는 자신의 이름이
그 어떤 것보다 기분 좋고 중요한 말임을 명심하라!

Remember that a person's name is to that person
the sweetest and most important sound in any language.

07 경청하라!
다른 사람의 이야기를 진심으로 그리고 사려깊게 들어주어라

얼마 전 저는 뉴욕의 한 출판업자가 주최한 만찬회에서 저명한 식물학자로부터 상당히 흥미로운 이야기를 듣게 되었습니다.

말씀 많이 들었습니다. 데일 카네기씨.

저도 박사님 말씀 많이 들었습니다.

저는 이국의 식물들과 새로운 식물의 품종을 개발하기 위한 실험 그리고 실내정원에 대한 그의 이야기 속으로 푹 빠져 들었죠.

그 당시 저는 작은 실내정원을 가꾸고 있었는데 식물학자는 제가 궁금하게 생각하고 있던 문제들을 해결하는 방법을 가르쳐 주었습니다.

아 그렇군요!

하하~ 그것 말고도 다른 방법이 있지요.

단지 식물학에 관해 알고 있는 것이 없었기에 열심히 들었을 뿐입니다. 흥미로운 이야기를 관심있게 듣는 것은 당연한 일이죠.

저는 정말로 그의 이야기가 재미있었고 그래서 귀 기울여 들었을 뿐입니다. 그런데 저의 그런 자세가 그를 기쁘게 해 준 모양입니다.

공감대가 형성된다는 것만큼 기쁜 일도 드물죠.

잭 우드포드는 자신의 저서 『사람의 이방인』에 이런 말을 남겼습니다.

"자신의 이야기를 귀 기울여 들어주는 자를 싫어하는 사람은 없다."

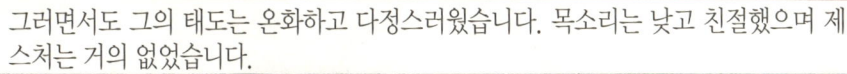

사람들로부터 배척 당하고 싶습니까? 사람들이 당신의 등 뒤에서 손가락질하며 욕하기를 바랍니까?

그렇다면 타인의 말을 귀 기울여 듣지 마십시오. 마냥 자기 얘기만 떠들어 대면 됩니다.

다른 사람이 이야기하고 있는 동안 좋은 생각이 떠오르면 그 사람의 말이 끝나기를 기다릴 필요 없이 상대방의 이야기를 끊고 자기 말을 하면 됩니다.

당신은 그런 사람을 알고 있습니까? 불행하게도 저는 알고 있습니다.

일부 유명인사 중에서도 그런 사람들이 있습니다.

누군지 밝히면 재미없어!

사회에서 매장당하고 싶나?

자아도취에 빠져 지루하게 말을 늘어놓는 그들은 오로지 자기 자신에 대해서만 관심이 있을 뿐입니다.

다른 사람들은 다 틀려! 내 말이 맞다구.

아냐! 내가 옳다구! 내 말은 곧 진리야!

상대방이 자기 자신에 대해 충분히 말할 수 있도록 배려해주십시오.
상대방은 당신의 문제보다는 자신의 소망에 대해 더욱 관심을 갖고 있습니다. 손가락에 작은 상처가 난 사람에게는 수백만 명을 굶어 죽게 만드는 아프리카의 기근보다 자신의 상처가 더 중요한 법입니다.

따라하기 - 일곱 번째 07

경청하라!
다른 사람의 이야기를 진심으로 그리고 사려깊게 들어주어라.

Be a good listener. Encourage others to talk about themselves.

08 상대방의 관심사에 대해 이야기하라!

보이스카우트에서 활약하고 있던 에드워드 찰리프는 어느 날 유럽에서 열리는 보이스카우트 잼버리에 참석할 소년 단원의 체류 비용 부담을 부탁하기 위해 저명한 기업체의 사장을 만나야 했습니다.

다행히 저는 그 사장을 만나기 전에 그가 자신이 발행했다가 결제가 끝난 백만 달러짜리 수표를 기념으로 액자에 넣어 보관하고 있다는 말을 들었습니다.

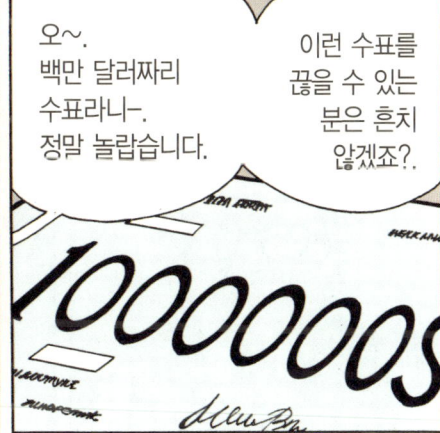

오~. 백만 달러짜리 수표라니-. 정말 놀랍습니다.

이런 수표를 끊을 수 있는 분은 흔치 않겠죠?.

찰리프는 한 소년 단원을 유럽으로 보내줄 경비를 부탁했는데, 그 사장은 5명의 소년 단원과 찰리프의 경비까지 부담했고 찰리프에게 1천 달러짜리 신용장을 주며 유럽에 7주 동안 머무르라고 했습니다.

또한 자기 회사의 유럽 지점장에게 보이스카우트 단원들의 뒷바라지를 부탁하는 소개장을 써 주기도 했죠.

이후에도 그 사장은 집안이 넉넉치 못한 일부 소년 단원들에게 계속 도움을 주어 왔고

지금까지도 소년단의 활동을 도와주고 있습니다.

만일 찰리프가 그 사장의 관심사가 무엇인지 알지 못했더라면 어땠을까요? 어쩌면 그에게 그런 호의를 기대하기가 어려웠을지도 모릅니다.

따라하기 - 여덟 번째 08

상대방의 관심사에 대해 이야기하라!
Talk in terms of the other person's interests.

09 상대방으로 하여금 자신이 중요하다는 느낌이 들게 하라
단, 성실한 태도로 해야 한다

눈이 소담스럽게 내리는군요.

살다보면 아주 작은 것에서도 행복을 느끼게 되는 때가 있죠.

한 잔의 커피로 인해 행복할 수도 있고 추운 날씨에 따뜻한 공간에서 휴식을 취하는 것에서도 행복을 느낄 수 있습니다.

만약 우리가 대가를 바라지 않고 작은 행복일 망정 서로 나누고 진솔한 칭찬을 한다면 얼마나 좋을까요?

아무런 보상없이 누군가에게 뭔가 좋은 일을 해 주었다는 느낌!

그것이야말로 오랫동안 기억 속에 남게 되는 작은 행복일 것입니다.

철학자인 윌리엄 제임스는 이렇게 말했습니다.

인간의 본성 중에서 가장 강한 것은 바로 인정받고 싶어하는 욕구입니다.

앞에서도 말했지만 인정 받고 싶어 하는 욕구야말로 인간과 동물을 구별짓는 결정적 차이점입니다.

나도 인정받고 싶다구

멍

사실, 인류가 문명을 끊임없이 발전시켜 온 바탕에는 이러한 욕구가 깔려 있습니다. 그리고 철학자들은 수천 년에 걸쳐 인간관계의 법칙에 대해 연구를 계속해 왔으며 그 과정에서 한 가지 중요한 교훈을 발견했습니다.

물론 그것은 새로운 것이 아니고 늘 인류의 역사와 함께 해온 법칙입니다.

2500년전 페르시아에서 조로아스터는 '그것'을 그의 추종자들에게 가르쳤고

그의 추종자들은 배화교도에게 가르쳤습니다.

그리고 2400년전 중국에서 공자는 '그것'을 강의했습니다.

도교의 시조인 노자는 작은 골짜기에서 '그것'을 제자들에게 가르쳤습니다.

그리스도 탄생 500년 전에 석가모니는 갠지스 강 기슭에서 '그것'을

설교했으며, 그보다 1000년 전에 이미 힌두교의 성서는 '그것'을 가르치고 있었습니다.

어떤 사람으로 하여금 스스로를 소중한 존재라고 느끼게 해준다면 그의 인생 자체가 달라질 수도 있습니다.

언젠가 저에게 미술공예 교사인 로널드 롤랜드라는 분이 그가 가르치고 있는 크리스라는 학생의 이야기를 적어 편지를 보내온 적이 있었습니다.

크리스는 매우 조용하고 내성적인 소년으로 교실에 있는지조차 알 수 없을 정도로 자신감이 부족한 학생이었습니다. 저는 초급반과 고급반을 모두 가르치고 있는데, 초급반 아이들은 대부분 재능을 인정받아 고급반으로 가고 싶다는 희망을 안고 있죠.

어느 날, 실습 시간에 저는 우연히 크리스의 내면에 강한 열정이 타오르고 있음을 느끼게 되었습니다. 저는 이렇게 물어보았습니다.

"고급반에 올라가고 싶니?"

그러자 그 수줍음 많은 소년은 어찌할 바를 몰라 하더니 애써 눈물을 참으며 말했습니다.

"선생님! 제가 그렇게 할 수 있을까요?"

"물론이지. 크리스. 너에게는 충분한 재능이 있단다."

어느새 제 눈에도 눈물이 고여왔습니다.

그 날 크리스가 교실을 걸어갈 때 그 아이의 키가 2인치는 더 커 보였습니다. 크리스는 반짝이는 눈으로 나를 쳐다보면서 "고맙습니다. 롤랜드 선생님!"하고 말했습니다.

크리스는 제가 영원히 잊지 못할 교훈을 하나 가르쳐 주었습니다. 누구나 자신이 중요한 존재임을 느끼고 싶어한다는 교훈 말입니다. 그 교훈을 잊지 않기 위해서 저는 '나는 중요한 존재다'라는 글을 써서 모든 학생이 볼 수 있도록 교실에 붙여 놓았습니다. 저는 그것을 볼 때마다 제가 가르치는 학생 하나 하나가 모두 중요한 존재라는 것을 상기하곤 합니다.

사람은 누구나 최소한 한 가지 정도는 남들보다 뛰어난 장점을 지니고 있고 은연 중에 그것에 대해 자부심을 느낍니다.

맞아요. 나도 잘하는게 있다구요.

그러므로 상대방의 마음을 확실하게 사로잡기 위해서는 상대방이 자신있어 하는 것을 인정해 주고 그들의 중요성에 대해 진솔하게 표현해야 합니다.

랄프 왈도 에머슨의 말을 기억해 주기 바랍니다.

"사람은 누구나 한 가지 이상의 장점을 지니고 있습니다. 그렇기 때문에 저는 누구에게서든 배우고자 합니다."

프랑스 루앙에서 레스토랑을 운영하는 클로드 마레는 성실한 직원을 잃을 뻔했던 위기를 현명하게 넘긴 적이 있습니다.

그 직원은 5년 동안 그 곳에서 일하고 있었으며

마레와 21명의 종업원 사이를 밀접하게 연결시켜 주고 있었습니다.

따라하기-아홉 번째 09

상대방으로 하여금 자신이 중요하다는 느낌이 들게 하라.
단, 성실한 태도로 해야 한다.

Make the other person feel important and do it sincerely.

3

자신의 의도대로
상대방을 설득하는 12가지 방법

10. 논쟁에서 이길 수 있는 유일한 방법은 그것을 피하는 것이다!
    The only way to get the best of an argument is to avoid it!

11. 상대방의 견해를 존중하라. 결코 "당신이 틀렸다."고 말하지 말라!
    Show respect for the other person's opinions. Never say, "you're wrong"!

12. 잘못을 했으면 즉시 분명한 태도로 그것을 인정하라.
    If you are wrong, admit it quickly and emphatically.

13. 우호적인 태도로 말을 시작하라.
    Begin in a friendly way.

14. 상대방으로부터 적극적인 긍정을 얻어내라.
    Get the other person saying 'YES, YES' immediately.

15. 상대방의 말에 귀를 기울여라.
    Let the other person do a great deal of the talking.

16. 상대방과 당신의 아이디어를 공유하라.
    Let the other person feel the idea is his or hers.

17. 상대방의 입장에서 사물을 이해하라.
    Try honestly to see things from the other person's point of view.

18. 상대방과 공감대를 가져라.
    Be sympathetic with the other person's ideas and desires.

19. 보다 고상한 동기에 호소하라.
    Appeal to the nobler motives.

20. 당신의 생각을 드라마틱하게 표현하라.
    Dramatize your ideas.

21. 선의의 경쟁심을 불러일으켜라.
    Throw down a challenge.

10. 논쟁에서 이길 수 있는 유일한 방법은 그것을 피하는 것이다!

세계 1차 대전 종전 직후의 어느 날 밤, 저는 런던에서 매우 귀중한 교훈을 배웠습니다.

그 당시 저는 로즈 스미드 경의 매니저였는데 그는 전쟁 중에 팔레스타인 지방에서 용맹을 떨친 호주인 조종사 출신으로 전쟁이 끝나자마자 지구의 절반을 30일만에 비행하여 전 세계를 깜짝 놀라게 만들었습니다.

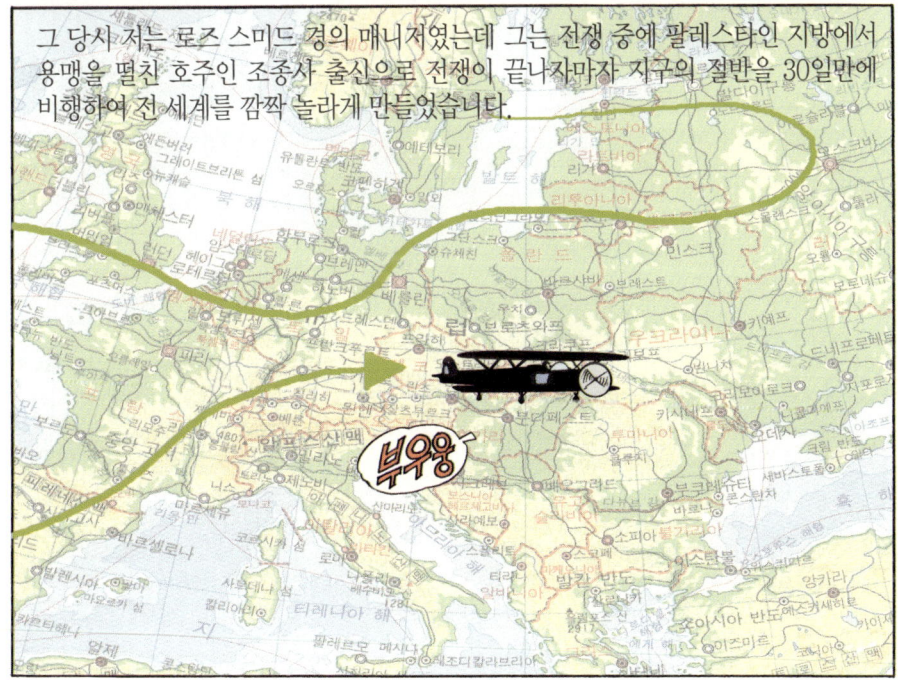

자신의 의도대로 상대방을 설득하는 12가지 방법

마침내 연회가 끝나고 저는 가몬드와 함께 집에 돌아오는 중 참을 수 없어 이야기를 꺼냈습니다.

이봐! 가몬드, 자네는 아까 그 인용문이 셰익스피어의 작품에 나오는 문구임을 잘 알고 있지 않은가?

물론 알고 있네.

〈햄릿〉 5막 2장이지. 하지만 데일, 우리는 그 즐거운 모임의 손님이었잖아. 왜 그 사람 말이 틀렸다는 것을 증명해야 하지?

그렇게 하면 그가 자네를 좋아하게 되나? 그 사람의 체면에 대해 생각해 보았나? 그는 자네의 의견을 묻지 않았네. 원하지 않았단 말일세. 그런데도 자네는 그 사람과 논쟁하려 했단 말일세. 항상 원만하게 처신해야 하네.

가몬드는 저에게 결코 잊을 수 없는 교훈을 가르쳐 주었습니다. 저는 연회에서 만난 그 재담꾼을 당황하게 만들었을 뿐만 아니라 친구까지 곤란하게 만들었던 것입니다.

제가 따지고 들지 않았더라면 분위기가 얼마나 좋았을까요?
논쟁하던 습관이 있던 저에게 그것은 절실히 필요한 교훈이었습니다.

어린 시절, 저는 매사에 형님과 토론을 벌였습니다. 그리고 대학에서는 논리학과 논법을 공부했고 토론 대회에도 참가하기도 했습니다.

과시욕에 젖어 있던 저는 훗날 뉴욕에서 토론과 논법을 가르쳤으며 좀 부끄러운 이야기지만 언젠가는 그에 관한 저서를 쓸 계획도 세웠습니다.

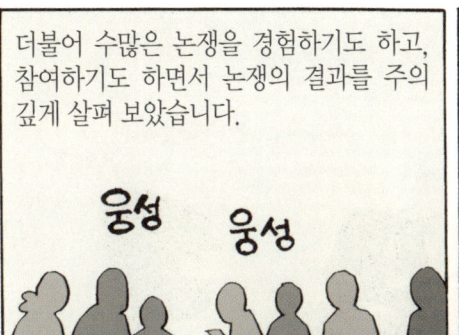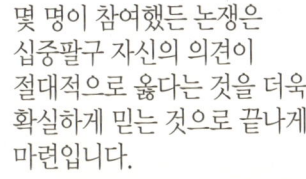

『비츠 앤드 피시즈』지는 의견의 차이가 있을지라도 논쟁을 벌이지 않는 방법에 대해 이렇게 제안하고 있습니다.

- 의견이 서로 다르다는 사실을 환영하라. '두 사람의 의견이 항상 일치한다면 두 사람 중의 한 사람은 불필요한 인물이다' 라는 말을 기억하라.
한 번도 생각해 본 적이 없는 문제에 부딪히게 될 때 당신이 그 문제에 관심을 갖게 된 것에 감사하라. 어쩌면 그것은 당신이 심각한 실수를 저지르기 전에 자신을 바로잡을 수 있는 기회가 될지도 모른다.

- 맨 처음에 본능적으로 떠오르는 느낌을 믿지 말라. 의견의 차이가 생길 때, 우리가 가장 먼저 취하는 반응은 자신을 변호하려는 태도다. 이것을 조심하라. 침묵을 지키면서 당신의 첫 반응을 조심해야 한다. 그것이 당신으로 하여금 최선이 아닌 최악의 사태로 몰리게 할지도 모르기 때문이다.

- 당신의 감정을 조절하라. 무엇이 상대방을 화나게 하는지 살피면 그 사람의 실체를 파악할 수 있다는 것을 기억하라.

- 먼저 귀를 기울여라. 상대방에게 말할 기회를 줘라. 상대방이 그 말을 끝낼 수 있도록 하라. 방해하거나 말을 가로막거나 논쟁하지 말라. 이런 일은 당신과 상대방 사이에 장애물만 쌓을 뿐이다. 이해의 다리를 만들도록 노력하라. 오해라는 더 높은 장벽을 만들지 말라. 의견의 일치를 이루는 부분을 찾아라. 상대방의 말을 다 들어본 후 그 사람의 의견에 동의하는 부분들을 생각하라.

- 당신의 실수를 인정하고 시인할 수 있는 부분을 찾아라. 실수에 대해 사과하라. 그러면 상대방은 마음을 누그러뜨리고 논쟁하려는 태도를 억제하게 될 것이다.

- 상대방의 생각을 다시 한 번 심사숙고하여 신중히 연구, 검토하겠다는 약속을 하라. 그리고 정말로 그렇게 하라. 상대방이 옳을지도 모른다. 이 단계에서 성급하게 행동하여 상대방이 당신에게 "말을 하려 했지만 당신이 듣지 않으려고 했잖소?"라고 반박하는 상황에 처하는 것보다 그들의 생각을 고려해 보는 편이 훨씬 더 낫다.

- 상대방이 관심을 가져주는데 대해 진심으로 감사하라. 당신에게 반대하기 위해 시간을 낼 수 있는 사람이라면 당신이 관심을 가지고 있는 분야에 대해서도 관심을 가져줄 것이다. 그들이 정말 당신을 도와 주고 싶어 하는 사람이라는 생각을 한다면 당신은 적을 친구로 바꿀 수 있다.

- 문제를 철저하게 생각할 수 있는 시간을 갖기 위해 행동을 뒤로 미뤄라. 그 날 늦게라도, 아니면 그 다음 날 다시 만나자고 제안하라. 그러면 모든 사실을 다시 검토할 수 있는 시간을 가질 수 있다.

- 그 준비과정으로 자기 자신에게 다음과 같은 몇 가지 질문을 해 보라.

상대방이 옳을까?
부분적으로나마 그것이 옳은 생각일까?
상대방이 취하는 입장이나 주장에 진실이나 장점이 담겨 있는가?
내 행동이 문제해결에 도움이 될까?
아니면 분노를 다소 해소시키는데 지나지 않을까?
내가 취한 반응으로 인해 상대방과 더 멀어질까?
아니면 더 가까워질까?
이것이 사람들의 나에 대한 평가를 더 좋은 쪽으로 내리게 하는 행동일까? 나는 이길까? 아니면 질까?
이기게 된다면 어떤 대가를 치르게 될까?
만일 내가 잠자코 있으면 서로간의 의견대립이 잠잠해질까?
이런 어려운 상황이 나에게 어떤 기회가 될 수 있을까?

오페라 테너 가수인 *얀 피어스는 50년간의 결혼생활 후에 이렇게 말했습니다.

집사람과 저는 오래 전에 규칙을 하나 만들었습니다.

상대방에게 아무리 화가 나도 그 규칙을 지켜왔죠.

그 규칙이란 한 사람이 소리를 지르면 다른 사람은 무조건 잠자코 듣기로 한 것입니다.

호호.. 대부분 제가 듣는편이었지만요..

두 사람 모두 고함을 지르게 되면 대화는 없어지고 단지 소란과 흥분만 남게 되잖아요.

여러분도 한 가지 규칙을 만들어 보세요. 부부 금슬이 더욱 좋아진다니까요.

아이~여보. 독자들이 보잖아요.

*얀 피어스 : 젊음이 넘치는 음색으로 활약한 미국 테너가수(1904~1985)

따라하기 - 열 번째

논쟁에서 이길 수 있는 유일한 방법은 그것을 피하는 것이다!
The only way to get the best of an argument is to avoid it!

11 상대방의 견해를 존중하라
결코 "당신이 틀렸다"고 말하지 말라!

*테오도르 루즈벨트가 대통령으로 재임하고 있을 때, 그는 자기 생각 중에서 75%만 옳아도 더 바랄것이 없겠다고 고백하였습니다.

20세기의 가장 뛰어난 인물 중 한 사람인 루즈벨트가 그런 소망을 갖고 있었다는데 당신은 어떠한가요?

글쎄… 나라면 더 될 것 같은데…

만약 우리의 생각이 55%만 옳아도 월 스트리트에서 하루에 1백만 달러를 벌 수 있을 것입니다.

당신은 태도나 제스처, 말을 통해 다른 사람의 생각이 틀렸다고 강하게 표현할 수도 있습니다.

넌 도대체가 왜 그 모양이야

그렇다고 과연 그들이 당신의 생각에 동의할까요?

그러는 당신은 잘났냐?

*테오도르 루즈벨트 : 미국의 26대 대통령(재임 1901~1909), 프랭클린 루즈벨트가 테오도르의 조카사위

아마 동의하지 않을 것입니다. 왜냐하면 당신이 그들의 지성, 판단력, 자만심 그리고 자존심을 모두 건드렸기 때문입니다.

그래서 그들은 당신에게 반격을 가하고 싶어합니다. 자신의 생각을 바꾸려는 마음 따위는 조금도 없죠.

아무리 칸트나 플라톤의 논리를 동원하여 설명할지라도 상대방의 의견은 쉽게 변하지 않습니다. 이미 당신이 그들의 감정을 상하게 만들었기 때문입니다.

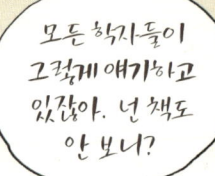  

절대로 "내가 이것을 증명해 보이겠소."라는 말로 시작해서는 안 됩니다. 그것은 좋지 못한 설득 방법입니다.

이 말은 마치 "내가 당신보다 더 똑똑하니 내 이야기를 들어 보고 당신의 생각을 바꾸시오."라고 말하는 것과 같습니다.

영국의 시인이자 비평가인 *알렉산더 포프는 이런 사실을 간단명료하게 표현하고 있습니다.

사람을 가르칠 때는 가르치지 않는 것처럼 하면서 가르치고, 새로운 사실을 제안할 때는 그 사람이 마치 잊고 있던 것을 다시 떠올린 것처럼 제안하십시오.

약 3백년 전, 철학자이면서도 과학자로 널리 알려진 *갈릴레오는 다음과 같이 말했습니다.

지… 지구는 둥글다.

그게 아니잖아요!

아차!

죄…죄송해요…

당신은 남을 가르칠 수 없고, 단지 그가 스스로 발견하도록 도와줄 수 있을 뿐입니다.

영국의 정치인 *체스터필드 경은 자신의 아들에게 이렇게 말했습니다.

할 수 있다면 다른 사람보다 현명해지도록 해라. 그러나 그것을 남에게 자랑하거나 알려서는 안 된다.

네!

*알렉산더 포프 : 영국의 시인이자 비평가(1688~1744)
*갈릴레이 갈릴레오 : 이탈리아의 천문학자, 물리학자 그리고 수학자이자 철학자(1564~1642)
*필립 체스터필드 : 영국의 정치가이자 저술가(1694~1773)

*소크라테스는 아테네에 있는 그의 제자들에게 이렇게 반복해서 말했습니다.

내가 알고 있는 것은 단 한 가지, 나는 아무 것도 모른다는 사실입니다.

완벽하게 논리적인 사람은 거의 없습니다. 우리는 대부분 편견을 갖고 있거나 생각이 한쪽으로 치우쳐 있게 마련입니다.

그리고 질투, 선입견, 부러움, 의심, 두려움과 자만심 등으로 인해 우리의 판단력은 대부분 흐려져 있습니다.

아울러 사람들은 대부분 자신의 종교나 머리모양 혹은 좋아하는 영화배우에 대한 생각을 바꾸고 싶어하지 않습니다.

*소크라테스 : '너 자신을 알라'와 '악법도 법이다'라는 명언으로 유명한 고대 그리스의 철학자 (BC. 469~BC 399)

만약 당신이 사람들에게 그의 생각이 틀린 것이라고 말하고 싶다면 *제임스 하비 로빈슨 교수의 글을 떠올리기 바랍니다.

다음은 그의 저서 『정신의 발달 과정』의 한 구절입니다.

■ "우리는 종종 아무런 저항이나 별다른 감정 없이 생각을 바꾸기도 한다. 그러나 만일 누군가가 우리의 잘못을 지적하기라도 하면 분개하며 고집을 부린다. 우리는 믿음을 형성하는데 있어서는 놀라울 만큼 경솔하지만, 만일 누군가가 우리의 믿음을 빼앗아가려 할 때에는 그 믿음에 대해 쓸데없이 집착하게 된다.

■ 우리에게 소중한 것은 생각 그 자체가 아니라 다른 사람들로부터 도전받는 우리의 '자존심'이다. 특히 '나의'라는 말은 인간사에서 가장 중요한 말로써 이것에 대해 잘 생각해 보는 것이 바로 지혜로움의 시작이다.
이것은 '나의' 저녁식사, '나의' 개, '나의' 집, '나의' 아버지, '나의' 조국, '나의' 하나님 등에서 볼 수 있듯이 강한 힘을 가지고 있다.

■ 우리는 시계든 자동차든 혹은 천문, 지리, 역사, 의학적인 지식이든 상관없이 누군가가 자신의 것을 흡뜯으면 사납게 화를 낸다. 우리는 자기 자신이 진실이라고 습관적으로 생각해온 것을 언제까지나 믿고 싶어하며 그 신념을 뒤흔들려는 것이 나타나면 분개한다. 그리고 논리적이든 그렇지 않든 무슨 구실을 대서라도 그 믿음을 지키려고 한다. 결국 대부분의 논쟁은 우리가 이미 믿고 있는 것들을 옹호하기 위한 그 논거를 찾으려는 노력일 뿐이다."

*제임스 하비 로빈슨 : 20세기 초에 활동한 미국의 사회학자

- "나는 내가 다른 사람을 이해하도록 허락하는 것이 매우 귀중한 일이라는 사실을 깨달았다.

- 이런 식으로 말하면 이상하게 생각하는 사람이 있을지도 모른다. 다른 사람을 이해하기 위해 자기 자신에게 무슨 허락을 해야 한단 말인가? 하지만 나는 허락이 필요하다고 생각한다.

- 우리가 다른 사람들이 하는 말을 듣고 나서 제일 먼저 취하는 반응은 그것을 이해하려 하지 않고, 평가나 혹은 판단을 내리려 하는 것이다.

- 누군가가 자신의 기분이나 태도 혹은 신념을 나타낼 때 우리는 대개 즉시 '옳다', '어리석다', '비정상적이야', '이치에 맞지 않아', '틀렸어', '좋지 않군'이라고 생각하려는 경향이 있다. 그런 말이 상대방에게 어떤 의미가 있는지는 이해하려고 하지 않는다."

*칼 로저스 : 정신과 상담을 체계화 한 미국의 심리학자(1902~1987)

남북전쟁 당시, 미국에서 가장 유명한 편집자였던 *호레이스 그릴리는 링컨의 정책에 격렬히 반대했습니다.

그릴리는 링컨의 정책에 딴지를 걸고 조롱하고 비난을 퍼부으면 링컨의 생각이 달라질 것이라고 믿었습니다.

그렇게 하면 반성할 줄 알았죠.

그리하여 그릴리는 하루가 멀다하고 링컨을 비난했습니다.

저 지금 비난하러 가요.

그는 링컨이 부스에게 저격당하던 날 밤조차 링컨 대통령에 대해 혹독하고도 빈정대는 듯한 기사를 썼습니다.

링컨바보

그런 혹독한 평가를 받았다고 해서 링컨 대통령이 달라졌을까요?

어쭈~

천만의 말씀입니다. 비웃음과 비난은 결코 그 누구도 설득할 수 없습니다.

그냥 믿고 나갔죠. 뭐... 괘씸해서...

만일 당신이 원만한 인간관계를 유지할 수 있는 방법과 자기계발을 위한 훌륭한 비결을 알고 싶다면 *벤자민 프랭클린의 『자서전』을 읽어 보십시오.

*호레이스 그릴리 : 미국 언론 사상 최고의 논설기자로 평가받은 미국의 언론인(1811~1872)
*벤자민 프랭클린 : 미국 최고의 외교관이자 정치가. 필명은 Richard Saunders로서 그의 저서 『자서전』은 미국 산문 문학 중에서 일품으로 꼽힌다.(1706~1790)

*케이커 교 : 프로테스탄트의 한 교파로 프렌드 협회라고도 한다. 1647년 영국인 G.폭스가 창설했으며, 신앙의 내용과 형식의 자유를 추구한 것으로 유명하다.

친구의 비난을 듣고 자신의 잘못을 깨달은 프랭클린은 거만하고 독선적인 자신의 태도를 당장 바꾸기로 결심했습니다.

그러면 벤자민 프랭클린의 말을 직접 들어 보기로 합시다.

그 친구의 충고를 듣고 난 후 저는 남의 의견을 정면으로 반박하거나 제 의견을 단정적으로 말하지 않기로 결심했습니다.

심지어 '확실히'나 '의심할 나위 없이' 등의 말처럼 단정적인 생각을 나타내는 말이나 글을 모두 쓰지 않기로 했습니다.

그 대신 '…라고 생각합니다. …라고 여겨집니다.' 혹은 '…인 것 같습니다. 현재로선 이렇게 생각합니다' 등의 말을 쓰기로 했습니다.

저는 누군가가 잘못된 주장을 하더라도 퉁명스럽게 그의 잘못을 지적하지 않았습니다. 그리고 그의 제안이 엉터리라는 것을 그 자리에서 밝히는 일도 삼가했습니다.

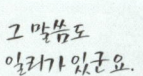

그 대신 저는 그의 생각이 어떤 경우에는 옳을지도 모르나 현재의 제 생각은 조금 다르다고 대답했습니다.

얼마 지나지 않아서 저는 제 태도의 변화가 많은 이익을 가져다 준다는 사실을 깨달았습니다.

예를 들면 사람들과 대화하는 것이 더 즐거워졌습니다. 그리고 보다 조심스럽게 의견을 제시하자 상대방의 반응이 긍정적이었고 확실히 비난이 줄어들었습니다.

어쩌다 제가 틀렸다는 말을 들어도 전처럼 억울한 생각이 들지 않았고 제 생각이 옳을 경우에는 다른 사람들을 부드럽게 설득시켜 스스로 잘못을 깨닫도록 했습니다.

처음에는 성격을 다스리는 일이 쉽지 않았지만 곧 그런 태도에 익숙해졌고 그 후 50년 동안 독선적인 말을 단 한 번도 한 적이 없었던 것 같습니다.

새로운 습관이 몸에 배이면서 저는 제도나 개정안을 새롭게 제시할 때 여러 시민들을 염두에 두게 되었고 아울러 위원회의 일원으로서 활동할 때, 새로운 습관의 도움을 많이 받았다고 생각합니다.

사실, 저는 말을 유창하게 할 줄도 모를 뿐더러 언어 사용도 부정확하며 단어를 선택하는 데에도 상당히 망설이는 편입니다.
그렇지만 새로운 습관 때문에 제 의견을 효과적으로 전달할 수 있었고 그로 인해 지금의 제가 있게 되었다고 생각합니다.

따라하기 - 열 한번째 11

상대방의 견해를 존중하라.
결코 "당신이 틀렸다."고 말하지 말라!

Show respect for the other person's opinions.
Never say, "you're wrong"!

12 잘못을 했으면 즉시 분명한 태도로 그것을 인정하라

예전에 제가 살던 집에서 멀리 떨어지지 않은 곳에 원시림이 넓게 펼쳐져 있었는데

봄이 되면 그 곳에는 산딸기가 흰 꽃을 피우고

다람쥐가 보금자리를 만들어 새끼를 기르며 잡초들은 말의 키만큼 무성해졌습니다.

'숲의 공원'이라 불리는 그곳은 겉보기에 콜럼버스가 신대륙을 발견하던 당시와 별로 다르지 않은 것 같았습니다.

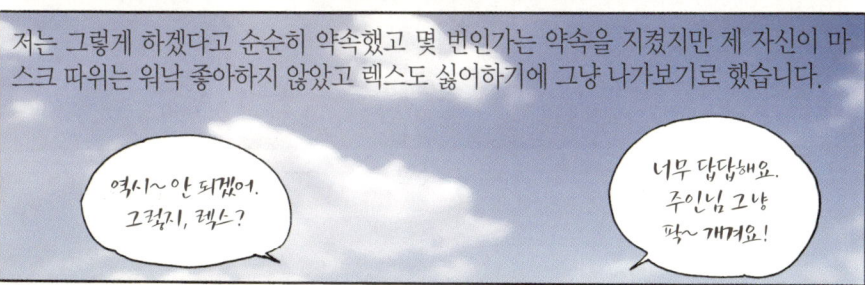

경찰관의 태도가 그렇게 달라진 이유는 뭘까요? 그 경찰관도 인간이기에 자기 자신에 대한 자부심을 느끼고 싶어 했던 것입니다. 제가 저의 죄를 인정했을 때 그의 자부심을 만족시킬 수 있는 유일한 방법은 저를 용서하고 넓은 도량을 보이는 것이었던 셈이죠.

만약 제가 그때 변명을 늘어 놓으며 경찰관과 논쟁을 벌였다면 어떻게 되었을까요?

저는 경찰관과 논쟁을 벌이는 대신에 '그의 말이 전적으로 옳고 나는 전적으로 틀렸다'고 인정했습니다.

저는 즉시 깨끗하게 제 잘못을 인정했던 것입니다.

처음에는 법 운운하며 위협하던 그 경찰관이 일주일 후에 저에게 보여준 친절한 태도에 누구나 놀라지 않을 수 없을 것입니다.

자신의 의도대로 상대방을 설득하는 12가지 방법

어느 누구라도 핑계를 대고 변명을 늘어 놓을 수 있습니다. 사실 대다수의 사람들이 그렇게 합니다. 그러나 자신의 잘못을 시인한다면 자신의 가치를 높이고 또한 훨씬 더 긍정적인 효과를 기대할 수 있을 것입니다.

앨버트 허바드는 미국 전역을 열광하게 만든 가장 독창적인 작가 중 한 사람이었습니다.

허바드의 신랄한 문체는 때로 격렬한 비난을 받기도 했지만,

사람을 대하는 일에 있어서 보기 드문 기술을 지녔던 그는 적을 친구로 만드는 능력이 뛰어난 인물이었습니다.

예를 들어, 어떤 독자가 허바드에게 글이 마음에 들지 않는다며 거칠게 항의하는 편지를 보내면 허바드는 이런 답장을 보냅니다.

당신의 지적에 관해 곰곰이 생각해 보니 제가 쓴 글에 저 자신조차 동의할 수 없는 부분이 있더군요. 어제 쓴 글이라 해도 오늘 다시 읽어 보면 마음에 들지 않는 부분이 있을 때도 있습니다. 이 분야에 대한 당신의 의견을 알게 되어 저는 매우 기쁩니다. 다음에 당신이 이 근처에 오실 일이 있을 때 저를 방문해 주시면 이 점에 대해서 함께 검토해 보고 싶습니다. 서로 멀리 떨어져 있지만 저의 악수를 보내는 바입니다.

— 앨버트 허바드

옛 격언을 명심하십시오.

"싸움을 통해 기대했던 것을 얻기는 어렵다.
그러나 양보를 한다면 당신이 기대한 것 이상을 얻을 수 있다"

따라하기 - 열두 번째 12

잘못을 했으면 즉시 분명한 태도로 그것을 인정하라.
If you are wrong, admit it quickly and emphatically.

13 우호적인 태도로 말을 시작하라

비가 내리는 날에는 왠지 모르게 따뜻한 차 한 잔이 생각나곤 합니다.

물론 사랑하는 사람과 함께라면 더욱 좋겠지요.

특히 요즘처럼 각박한 세상에서는 따뜻함이 전해지는 차 한 잔의 여유가 아쉽습니다.

화가 났을때 당신은 어떻게 합니까? 물론 상대방에게 마구 퍼붓고 나면 속은 후련해집니다.

그렇다면 상대방은 어떨까요? 그 사람도 당신처럼 속이 후련할까요?

당신의 그 도전적인 음성이나 적의에 찬 태도가 그로 하여금 당신에게 쉽게 동조하도록 만들어 줄까요?

절대 아니죠.

*우드로 윌슨 대통령은 이렇게 말했습니다.

만일 당신이 두 주먹을 불끈 쥐고 저에게 대든다면 저 역시 곧바로 두 주먹을 움켜쥘 것입니다. 그러나 만약 '사람의 생각이 늘 일치하는 것은 아니므로 우리의 의견에 어떤 차이가 있는지 알아보자' 라고 말한다면

저 역시 각자가 지닌 생각의 차이와 공통점을 알아내려 노력할 것입니다. 그렇게 우리는 서로를 이해하려는 인내심과 솔직함으로 진정한 친구가 될 수 있을 것입니다.

우드로 윌슨의 말에 담긴 참 뜻을 존 록펠러 2세처럼 깊이 깨달은 사람도 없을 것입니다. 1915년 당시 록펠러는 콜로라도 주에서 노동자들의 지탄의 대상이었습니다.

미국 산업 역사상 가장 끔찍한 파업사태가 2년 동안 콜로라도 주를 강타했고

성난 광부들은 임금인상을 요구하며 격렬하게 시위를 벌였습니다.

*우드로 윌슨 : 미국의 28대 대통령(재임기간 : 1913~1921)

당시 파업이 일어났던 콜로라도 석유회사와 강철회사는 록펠러의 소유였는데, 격렬한 시위가 이어지면서 회사의 기계들이 파괴되었고 군대까지 동원돼 유혈사태까지 발생하였습니다.

서로에 대한 증오가 극에 달했던 그 시점에서 록펠러는 어떻게든 상대방을 설득하려고 애썼고

그는 결국 성공했습니다.

과연 어떻게 성공했을까요?

몇 주일 동안 일일이 노동자 대표들을 찾아다니며 설득한 록펠러는 파업 광부의 대표들 앞에서 연설을 했습니다. 그런데 처음부터 끝까지 하나의 걸작으로 알려진 그 연설의 결과는 놀라울 정도였습니다.

그 연설은 거대한 증오의 파도를 가라앉혔을 뿐만 아니라 록펠러를 따르는 추종세력까지 생겨나도록 해주었던 것입니다.

결국 파업 광부들은 자신들이 그토록 거세게 주장하던 임금 인상 문제에 대해 더 이상 이야기하지 않은 채 일터로 돌아갔습니다.

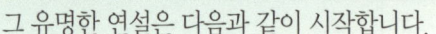

그 유명한 연설은 다음과 같이 시작합니다.

오늘은 제 생애에 있어서 가장 특별한 날입니다.

오늘 처음으로 회사의 훌륭한 임직원과 노동자의 대표들을 만나게 되는 영광을 누리게 되었기 때문입니다. 이 자리에 서 있다는 것이 너무나 자랑스럽고 오늘의 만남을 평생동안 잊지 않을 것입니다.

*이솝은 기원전 600년에 그리스의 노예로 크리서스 궁에 살면서 많은 불멸의 우화들을 남겼습니다.

특히 인간의 본성에 대한 이솝의 진리는 36세기 전의 아테네에서와 마찬가지로 오늘날까지도 여전히 진리로 남아있습니다.

해는 바람보다 빨리 당신의 옷을 벗길 수 있습니다. 마찬가지로 친절과 우호적인 방법은 이 세상의 온갖 공갈이나 협박보다 더 쉽게 사람들의 마음을 바꿔 놓습니다.

링컨이 '만고의 진리'라고 극찬했던 말을 상기하십시오.

"한 방울의 꿀이 한 통의 쓸개즙보다 더 많은 파리를 잡을 수 있다"

*이솝 : 고대 그리스의 우화작가

따라하기 - 열세 번째 13

우호적인 태도로 말을 시작하라.
Begin in a friendly way.

14 상대방으로부터 적극적인 긍정을 얻어내라

지구상에는 수많은 사람들이 함께 어울려 살아가고 있습니다.

따라서 서로 다른 이념이나 생각 혹은 의견의 차이로 충돌을 일으키기도 하고 심지어 전쟁이라는 극단적인 비극이 일어나기도 합니다.

당신은 혹시 '설득의 심리학'에 대해 알고 있습니까? '어떻게 하면 다른 사람들이 내 의견에 동의하도록 할 수 있을까?' 하는 문제 말입니다.

다른 사람들이 당신의 의견에 동의하도록 만들고 싶다면 사람들과 이야기할 때 서로 반대되는 의견을 먼저 논의하지 마십시오.

글쎄 내 생각은 이렇다니까~

자신의 의도대로 상대방을 설득하는 12가지 방법

동의한다는 말로 이야기를 시작하고 그것을 계속 강조하십시오.

가능하다면 당신과 상대방이 같은 목표를 향해 가고 있으며 다른 점이 있다면 그것은 목표가 아니라 방법이라는 점을 강조하십시오.

상대방으로 하여금 처음부터 '네'라고 말하게 하고 '아니오'라는 말을 하지 않도록 유도하십시오.

오버스트리트 교수는 이렇게 말했습니다.

'아니오'라는 반응은 가장 극복하기 어려운 장애 요인입니다. 일단 '아니오'라고 말해 버리면 자존심 때문에 그 말을 계속 고집할 수밖에 없게 되죠.

노련한 연사는 시작부터 "네"라는 반응을 여러 번 이끌어냅니다.

이것이 청중의 심리상태를 긍정적인 방향으로 유도해 주기 때문입니다.

그것은 마치 당구공의 움직임과도 같죠.

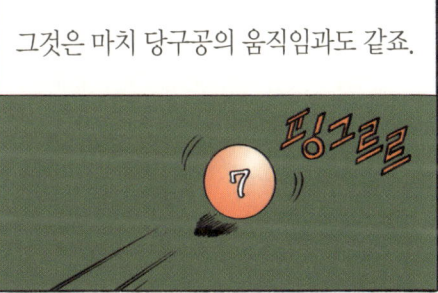

당구공을 어느 한 방향으로 쳐보십시오. 구르는 공의 방향을 바꾸려면 많은 힘이 필요하며 반대 방향으로 보내는 데는 훨씬 더 큰 힘이 필요합니다.

'네' 라는 반응을 이끌어내는 테크닉은 아주 간단합니다.

그럼에도 불구하고 사람들은 이 간단한 테크닉을 소홀히 하고 있습니다.

사람들은 마치 처음부터 상대방의 기선을 제압하는 것이 자존심을 지키는 지름길이라고 생각하는 것 같습니다.

우습게 보이지 않게 하기 위해서요.

일종의 카리스마라고나 할까?

학생이나 고객, 자녀, 남편 및 아내로 하여금 '아니오' 라고 말하게 해보십시오.

한번 아니면 아니에요!

맞아요!

그 거센 부정을 긍정으로 바꾸려면 천사같은 인내와 지혜가 필요할 것입니다.

소크라테스는 지구상에서 가장 위대한 철학자 중의 한 사람으로 인간의 사고방식을 송두리째 바꿔 놓았습니다.

그가 죽은 지 24세기가 지난 오늘날까지 그의 가르침은 많은 사람들에게 꾸준한 영향을 미치고 있으며 특히 독특한 '소크라테스 대화법'은 널리 활용되고 있습니다.

'소크라테스 대화법'이란 무엇일까요?

글쎄요?

대화를 하면서 상대방의 생각이 틀렸다고 지적하는 것일까요?

혹시?

아닙니다. 그처럼 노련한 사람이 그렇게 했을리가 없죠.

후훗~ 했을리가 없죠.

'소크라테스 대화법'의 바탕에는 '네'라는 반응을 유도한다는 인식이 깔려 있습니다.

바로 긍정을 유도하는 것입니다.

와삭

소크라테스는 의견을 달리하는 사람들이 동의하지 않을 수 없는 질문들을 했고 한 가지씩 차례로 상대방의 동의를 구해 나갔습니다.

드시면서 말씀하시죠.

와-

그는 상대방이 불과 몇 분 전까지만 해도 기를 쓰고 반대했던 어떤 결론을 상대방이 미처 깨닫기도 전에 저절로 수용하게 될 때까지 계속 질문했습니다.

그러므로 당신이 상대방의 잘못을 지적하고 싶을 때는 '소크라테스의 대화법'를 기억하고 부드러운 질문, 즉 '네' 라는 반응을 이끌어낼 수 있는 질문을 하도록 합시다.

중국인들은 지혜가 풍부한 옛 격언을 많이 알고 있습니다.

그들은 5천 년의 역사를 통해 꾸준히 인간성을 연구해왔고 그로써 많은 지혜를 축적하게 되었던 것입니다.

따라하기-열네 번째 14

상대방으로부터 적극적인 긍정을 얻어내라.
Get the other person saying 'YES, YES' immediately.

15 상대방의 말에 귀를 기울여라

우리 주변에는 수다스럽게 온갖 얘기를 늘어놓으며 상대를 설득하려는 사람이 많습니다.

그 반대로 해 보십시오. 즉, 당신은 듣고 상대방으로 하여금 얘기를 하도록 하는 것입니다.

그들의 일이나 문제점에 대해서는 당신보다 그들이 더 많이 알고 있습니다. 그러니 질문하십시오. 그들이 먼저 이야기할 수 있도록 배려하십시오.

물론 그들과 의견이 다를 때는 중간에 말참견을 하고 싶을지도 모릅니다.

그러나 그렇게 하지 마십시오. 그것은 매우 위험한 일입니다.

그들은 아직 하고 싶은 말을 다한 것이 아니므로 당신이 중간에 끼어들지라도 관심을 보이지 않습니다.

자신의 의도대로 상대방을 설득하는 12가지 방법

그러므로 마음을 활짝 열고 끈기있게 다른 사람의 말에 귀를 기울이십시오.
그리고 그들의 생각을 충분히 말할 수 있도록 격려해 주십시오.

프랑스의 철학자인 *라로슈푸코는 이렇게 말했습니다.

만일 당신이 적을 원한다면 친구를 능가하십시오. 그러나 친구를 원한다면 그가 당신을 능가할 수 있도록 해주십시오.

이 말은 무엇을 의미하는 것일까요? 친구가 우리를 능가할 때 그들은 자부심을 느끼지만,

우리가 그들을 능가하면 그들은 열등감과 질투심을 느끼게 됩니다. 당연히 자부심을 충족시킬 사람이 친구로 남겠지요.

*라로슈푸코 : 프랑스의 고전작가이자 철학자(1613~1680)

뉴욕의 미드타운 직업소개소에서 가장 인기있는 카운슬러는 바로 헨리에타 G.였습니다.

물론 처음부터 그런 것은 아니었습니다.

인기짱

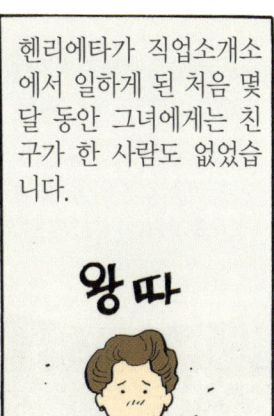

헨리에타가 직업소개소에서 일하게 된 처음 몇 달 동안 그녀에게는 친구가 한 사람도 없었습니다.

왕따

그 이유는 헨리에타가 자신이 이룩한 업무나 새로운 고객과의 거래 등 성취한 일에 대해 매일 자랑했기 때문입니다.

헨리에타는 그 때의 일을 떠올리며 이렇게 말합니다.

저는 일을 잘했고 그것을 자랑스럽게 여겼습니다.

그런데 동료들은 기쁨을 함께 나누기는 커녕 오히려 비난 하더군요.

저는 진심으로 사랑받기를 원했고 그들의 친구가 되고 싶었습니다.

그 후, 몇 가지 처세 강좌를 듣고 인간관계 기법을 배운 다음에는 동료들의 말에 더욱 더 귀를 기울이게 되었죠.

따라하기-열다섯 번째 15

상대방의 말에 귀를 기울여라.
Let the other person do a great deal of the talking.

16 상대방과 당신의 아이디어를 공유하라

사람은 누구나 타인이 강요한 의견보다는 스스로 생각하고 있는 의견을 더 신뢰하기 마련입니다. 그렇다면 당신의 의견을 억지로 다른 사람에게 강요하는 것은 잘못된 판단이 아닐까요?

그래, 역시 내 생각이 옳아!

랄프 왈도 에머슨은 그의 에세이집 『자기 신뢰』에서 다음과 같이 말했습니다.

우리는 천재의 작품 속에서 우리가 거부했던 생각들을 보게 되는데 그 생각들은 어떤 위엄을 갖춘 채 우리에게 다시 돌아옵니다.

*에드워드 하우스 대령은 우드로 윌슨이 미국의 대통령으로 재임하고 있을 당시 국내 및 국제 문제에 막대한 영향을 발휘했습니다.

*에드워드 하우스 대령 : 윌슨 대통령 시절 외교정책 수행에 크게 공헌한 미국의 외교관이자 정치가 (1858~1938)

언젠가 저는 백악관으로 대통령을 찾아가 대통령이 반대하시는 어떤 정책에 대해 건의한 적이 있습니다.

그런데 며칠 후, 어느 저녁 만찬에 참석한 대통령께서는 제가 건의한 제안을 마치 자신의 의견인 것처럼 자랑스럽게 말씀하시더군요. 물론 저는 깜짝 놀랐죠.

그때 하우스가 대통령의 말을 가로막으며 "그것은 대통령의 생각이 아니고 제 생각이었습니다."라고 말했을까요?

물론 아닙니다. 하우스는 빈틈없는 사람이었습니다.

그는 자신의 명성에 대해서는 관심이 없었고 오직 결과만을 원했기에 윌슨 대통령으로 하여금 그것이 마치 자신의 아이디어라는 느낌이 들도록 해주었던 것입니다.

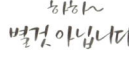

비록 겉으로 드러나지는 않았지만 사실, 하우스 대령은 매우 큰 일을 해낸 것입니다.

결과적으로 윌슨 대통령은 그 아이디어 덕분에 공신력을 얻을 수 있었기 때문입니다.

"다른 사람의 위에 있고자 하는 사람은 그 아래 있어야 하고
다른 사람의 앞에 서고자 하는 사람은 그 사람 뒤에 서야 하는 법이니라.
그리하면 위에 있다 할지라도 사람들은 그 무게를 느끼지 못하고,
앞에 있다 할지라도 사람들은 무례하다고 생각하지 않느니라."

따라하기 - 열여섯 번째 16

상대방과 당신의 아이디어를 공유하라.
Let the other person feel the idea is his or hers.

17 상대방의 입장에서 사물을 이해하라

여러분은 기적을 믿습니까?

확률이 희박한 일, 불가능한 일이 현실로 일어나는 것을 두고 우리는 기적이라 부릅니다.

사람들은 흔히 "기적이란 존재하긴 하지만 만에 하나 생길까 말까한 확률이다."라고 말합니다.

오~ 내 병이 낫다니…

부럽다.

하지만 인간관계에서는 자기 혁신을 통해 얼마든지 기적을 이룰 수 있습니다.

나도 할 수 있어!

내 가치를 높이는 거야!

우리 그 기적을 한 번 볼까요? 우선 한 가지 묻고 싶은 것이 있습니다. 다른 사람의 생각이 모두 틀렸을 때, 당신은 어떻게 합니까?

무엇보다 명심해야 할 것은 설사 그들의 생각이 모두 틀린 것일지라도 본인은 그렇게 생각하지 않는다는 점입니다.

그러므로 그들을 비난하지 마십시오.

그들을 이해하려고 노력하십시오. 물론 현명하고 끈기있고 특별한 사람만이 그런 노력을 하지만 말입니다.

어떤 사람이 자기 방식대로 생각하고 행동하는 데에는 그만한 이유가 있습니다. 그 이유를 먼저 살펴보십시오. 그러면 그의 행동, 아니 어쩌면 그의 인간성까지 이해할 수 있는 열쇠를 얻을 지도 모릅니다.

상대방의 입장에 서서 '내가 만약 그의 입장이었다면 어떻게 느끼고 행동했을까?'를 생각해 보십시오.

그러면 당신은 시간을 아낄 수 있고 동시에 화도 내지 않게 될 것입니다.

그리고 당신의 인간관계 기술을 더욱더 증진시킬 수 있을 것입니다.

따라하기 - 열일곱 번째 17

상대방의 입장에서 사물을 이해하라.
Try honestly to see things from the other person's point of view.

18 상대방과 공감대를 가져라

논쟁의 여지를 없애고 상대방의 선의를 이끌어 내 당신의 말에 귀기울이도록 만드는 멋진 '말'을 알고 있습니까?

그 '말'을 알려드리지요.

그것은 바로 "당신이 그렇게 생각하는 것은 당연한 일입니다. 제가 당신의 입장이었다고 해도 그렇게 생각했을 것입니다."라는 '말'입니다.

하하 제 생각도 마찬가지에요.

……

아무리 성질이 고약한 사람일지라도 이런 말을 듣고 나면 성질을 누그러뜨릴 것입니다. 대신 그 말 속에 진심이 담겨 있어야 합니다.

악명 높은 갱단 두목으로 수많은 범죄를 저지른 *알 카포네를 알고 있죠? 예를 들어 당신이 알 카포네와 똑같은 신체와 성격 그리고 정신을 이어받았다고 가정해 봅시다.

*알 카포네 : 미국 시카고를 중심으로 조직 범죄단을 이끌었던 유명한 갱단 두목(1899~1947)

만약 당신이 그와 똑같은 환경 속에서 자라나 똑같은 경험을 했다면, 당신 역시 그와 똑같은 사람이 되었을 것입니다.

알 카포네를 그렇게 만든 것은 바로 그의 조건들이기 때문입니다.

예를 들어 당신이 방울뱀이 아닌 까닭은 부모님이 방울뱀이 아니었기 때문입니다.

그러므로 당신에게 화를 내고 고집불통이며 비이성적인 사람들을 만났을 때는 그들에게 그렇게 될 수밖에 없었던 충분한 이유가 있었을 것이라는 점을 명심하십시오. 불쌍한 영혼을 가엾게 여기십시오.

그들을 동정하고 이해하십시오. 당신 자신에게 "신의 은총이 아니었다면, 나 역시 저렇게 되었을 거야."라고 말하십시오.

당신이 만나게 되는 사람들 중 4분의 3이 이해와 사랑에 굶주려 있습니다. 그들에게 따뜻한 마음을 베푼다면 그들은 당신을 좋아할 것입니다.

언젠가 저는 라디오 방송에서 『작은 아씨들』의 저자인 *루이사 메이 앨코트의 이야기를 소개한 적이 있습니다.

이번엔 히트작가를 찾아 삼만리편입니다.

저는 앨코트가 메사추세츠주의 콩코드에서 살았으며, 그 곳에서 불후의 명작들을 집필했다는 사실을 잘 알고 있었습니다.

그런데 어찌된 영문인지 저는 무의식 중에 뉴햄프셔주의 콩코드에 있는 앨코트의 집이라고 말하고 말았습니다.

실수하고 말았던 거죠.

그것도 한 번이 아니라 두 번씩이나 실수를 했습니다.

*루이사 메이 앨코트 : 미국의 유명한 여류작가이자 시인(1832~1888)

즉시 청취자들로부터 날카로운 비난의 편지와 전보, 신랄한 메시지 등이 날아들었습니다.

많은 사람들이 화를 냈으며 몇몇 사람은 모욕적인 말도 서슴치 않았습니다.

특히 메사추세츠주의 콩코드에서 태어나 지금은 필라델피아에 거주한다는 어느 중년 부인은 극도의 분노감을 표시하는 편지를 보내왔습니다.

루이사 메이 앨코트가 설령 뉴기니의 식인종이라고 했어도 그 부인을 그토록 화나게 하지는 못했을 것이라는 생각이 들 정도였습니다.

저는 그녀의 편지를 읽으면서 '하나님, 이런 여자와 결혼하지 않게 해주신 것에 감사드립니다.' 라고 중얼거렸습니다.

저는 당장 그녀에게 편지를 써서 아무리 실수를 했더라도 그렇게 무례하게 구는 법이 어디 있냐고 말해주고 싶었습니다.

당장 팔을 걷어 붙이고 속 시원히 그녀에게 따지고 싶었지만 그렇게 하지는 않았습니다.

그런 짓은 성급한 바보나 하는 일이라고 저 자신을 다독였죠.

저는 그녀의 적의를 호의로 바꿀 결심을 했습니다. 물론 그것은 모험이자 일종의 게임이었습니다.

저는 제 자신에게 말했습니다.

"만약 내가 그녀였더라도 그렇게 했을 거야."

그렇게 그녀를 이해하기로 마음먹었고 그 후 필라델피아에 갔을 때 그 부인에게 전화를 걸었습니다.

순간적인 화를 가라앉히고 상대방의 입장에 서서 생각해 본다면 이처럼 좋은 결과를 가져올 수 있습니다.

노여움을 억제하고 입장을 바꿔 생각해 봄으로써 모욕을 친절로 바꾼 저는 커다란 기쁨과 만족을 느꼈습니다.

제가 만약 화를 참지 못하고 그 부인에게 '당신처럼 무례한 사람은 스쿨길 강에서 뛰어내려야 합니다' 라고 소리쳤다면 어떻게 되었을까요?

아더 게이츠 박사는 그의 저서 『교육 심리학』에서 이렇게 말했습니다.

"인간은 누구나 동정받기를 원합니다. 어린아이는 자기의 상처를 무척 보여주고 싶어하며 심지어 동정을 얻기 위해 스스로 상처를 만들기도 합니다. 이와 마찬가지로 어른들도 상처를 보여주고 싶어하며 사고나 질병, 특히 외과수술 같은 것은 자세히 이야기하려 합니다. 이처럼 불행에 대한 자기 연민은 모든 인간이 느끼는 감정입니다."

따라하기 — 열여덟 번째 18

상대방과 공감대를 가져라.

Be sympathetic with the other person's ideas and desires.

19 보다 고상한 동기에 호소하라

저는 미주리 주의 변두리에서 자랐는데, 그 지역은 *제시 제임스가 활동하던 지역이었습니다.

한 번은 우연히 제시 제임스의 아들이 살고 있는 미주리 주의 제임스 농장을 찾아가게 되었습니다.

제시의 며느리는 시아버지인 제시가 기차를 강탈하고

은행을 털었을 때의 상황과 훔친 돈을 가난한 농부들에게 나눠주게 된 배경에 대해 이야기해주었습니다.

*제시 제임스 : 미국 '서부의 로빈후드'라 불리며, 잔인하기로 유명한 무법자(1847~1882)

어쩌면 제시 제임스는 훔친 돈을 나눠주면서 자신을 정의로운 사람으로 생각했을지도 모릅니다.

사실, 사람은 누구나 스스로를 높고 훌륭한 인물로 평가하려는 경향이 강합니다.

은행가이자 미술품 수집가로 유명한 *J.P. 모건은 인간의 심리를 분석한 글에서 인간이 어떤 행위를 하는 데에는 두 가지 이유가 있다고 했습니다.

하나는 그럴 듯하게 보이려는 이유이고

나머지 하나는 진짜 이유입니다.

진짜 이유는 다른 사람들과 상관없이 본인만 아는 것입니다.

사실, 우리는 누구나 이상주의자이므로 내심으로는 자신의 행위에 대해 그럴듯한 이유를 붙이고 싶어 합니다.

그러므로 사람을 변화시키기 위해서는 좀더 고상한 동기에 호소해야 합니다.

*J.P. 모건 : 미국 은행가이자 금융업자(1837~1913) 미술품 수집이 취미였던 그는 죽은 후 소장 미술품을 뉴욕 메트로폴리탄 미술관에 기증했다.

다음의 이야기는 자동차 회사에 다니는 제임스 L. 토마스라는 사람이 카네기 강좌에서 발표한 체험담으로 꽤 흥미가 있습니다.

어느 날 그가 다니던 자동차 회사의 고객 여섯 명이 서비스 대금의 부당성을 제기하고 나섰습니다.

금액의 일부를 수긍할 수 없다고 주장했던 것입니다.

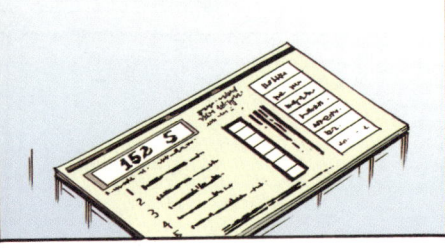

그 고객들은 서비스를 받은 항목마다 이미 서명한 상태였기에 회사 측에서는 아무런 하자가 없다고 생각했습니다.

이것이 회사의 첫 번째 실수였습니다.

신용계 직원들은 다음과 같은 방법으로 수금을 하려고 했는데 과연 성공했을까요?

① 각각의 고객에게 전화하여 납부기한이 지난 대금을 빨리 내라고 퉁명스럽게 말했다.

② 회사 측이 무조건 옳고 고객이 틀렸다고 분명하게 못 박았다.

③ 자동차에 대해서만큼은 회사 측이 전문가라는 점을 강조하며 논쟁의 여지가 없다고 설명했다.

④ 그 결과 고객들과 격렬한 논쟁을 하게 되었다.

신용계 책임자가 대금을 지불하지 않는 고객들에 대해 법적인 조치를 취하려 할 즈음, 매니저가 그 일을 알게 되었고 그는 그 고객들에 대한 서류를 살펴보았습니다.

"아니, 이 고객들은 평소에 대금 지불을 잘 하는 우수 고객들이잖아!"

결국 수금 방법에 문제가 있었던 것을 깨닫게 되었습니다.

매니저는 제임스 토마스를 불러 그 문제를 해결하도록 지시했습니다.

토마스는 자신이 취한 방법에 대해 이렇게 말했습니다.

1. 납부 기한이 지난 대금을 받기 위해 일단 고객을 한 사람씩 찾아갔습니다. 그러나 대금지불에 대해서는 한 마디도 하지 않았고 단지 지금까지의 서비스 실태를 조사하고자 방문한 것이라고 말했습니다.
2. 고객의 말을 듣기 전까지는 말씀드릴 의견이 없다는 점을 분명히 말했고 회사 측에 실수가 있었을지도 모른다고 인정했습니다.
3. 제가 관심이 있는 것은 오직 고객의 편익이며 차에 대해서는 차 주인인 고객이 최고의 권위자라고 말했습니다.
4. 저는 고객이 하고 싶은 말을 모두 할 수 있도록 기회를 주었고 고객의 관심사에 대해 진지하게 귀를 기울였습니다.

5. 고객이 할 말을 다하고 기분을 가라앉혔을 때, 비로소 저는 자초지종을 설명했습니다. 그리고 "정말 죄송합니다. 두 번 다시 이런 일이 일어나지 않게 하겠습니다. 당신은 공정하고 끈기 있는 분이므로 당신이 우리 회사의 사장이라 생각하시고 청구 금액을 스스로 정정해 주시기 바랍니다. 모든 것을 당신께 맡기겠습니다."라고 말했습니다.

이 방법은 매우 성공적이었습니다. 그들 중 단 한 사람만 논란이 되었던 항목에 대해 한 푼도 지불하지 않았고, 나머지 다섯 명은 청구서에 적힌 금액 모두를 지불했습니다. 무엇보다 재미있는 사실은 그로부터 2년 안에 그 고객 여섯 명 모두가 우리에게서 새 자동차를 구입했다는 것입니다.

토마스는 이렇게 말했습니다.

고객에 대한 정보가 불분명할 때는 '그 고객은 성실하고 정직한 사람이므로 그에게 동기부여를 해주면 청구한 금액을 지불할 것'이라고 생각하는 것이 좋다는 사실을 저는 경험으로 알게 되었습니다.

따라하기 - 열아홉 번째 19

보다 고상한 동기에 호소하라.
Appeal to the nobler motives.

20 당신의 생각을 드라마틱하게 표현하라

여러 해 전, 필라델피아의 『이브닝 블리틴』지가 위험한 악성루머에 휘말린 적이 있었습니다.

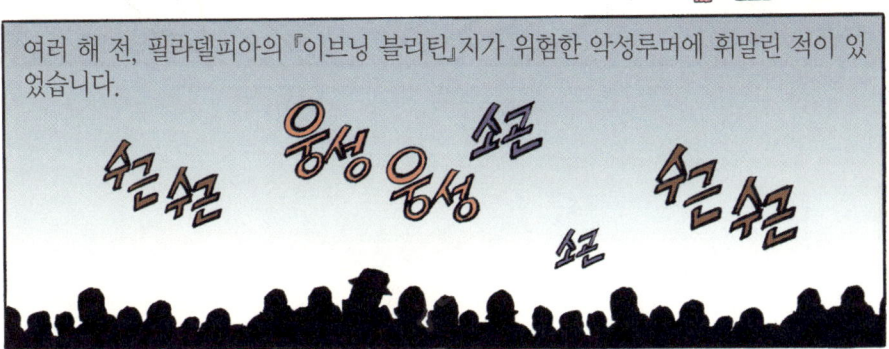

소문인즉, 『이브닝 블리틴』지가 기사보다 광고를 더 많이 게재하기 때문에 독자들은 흥미를 잃었고 광고를 내도 효과가 적다는 것이었습니다.

그 소문을 잠재우기 위해 신문사 측에서는 황급히 대책을 세웠습니다.

하룻동안 얼마나 많은 기사를 다루고 있는지를 보여주기 위해 하루 분의 기사를 한 권의 책으로 발행한 것입니다.

총 370페이지나 되는 그 책은 불과 2센트에 판매되었고 『블리틴』지에 읽을거리가 많다는 사실을 훌륭히 전달해 주었습니다.

그것은 단순한 숫자의 나열이나 소문에 대해 해명성 기사를 싣는 것보다 더욱더 생생하게 사실을 전달할 수 있었던 기발한 아이디어였습니다.

지금은 극적인 연출이 필요한 시대입니다. 단순히 사실을 말하는 것만으로는 충분하지 않습니다.

좀더 생생하고 흥미있고 극적으로 사실을 전달해야만 합니다.

영화나 TV에서처럼 쇼맨십을 발휘하는 것도 좋습니다.

아니, 필요하다면 적극적으로 쇼맨십을 발휘해 보십시오.

디스플레이 전문가들은 극적인 효과의 힘을 잘 알고 있습니다.

한 예로 새로운 쥐약을 개발한 어느 업체에서 살아있는 쥐 2마리를 이용하여 점포를 디스플레이 했다고 합니다.

그랬더니 그 주의 매상고가 평상시보다 5배나 높았다고 합니다.

TV의 CF를 보면 상품판매를 위해 극적인 테크닉을 사용한 예를 얼마든지 찾아볼 수 있습니다.

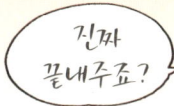   

하룻저녁만 TV앞에 앉아 광고업체에서 어떻게 연출을 하는지 분석해 보십시오.

어느 자동차 회사의 자동차가 급한 커브 길에서 뛰어난 성능으로 달리는 모습을 볼 수도 있고 어떤 상품을 사용한 후 행복해하는 표정이 비치기도 할 것입니다.

어떤 광고이든 시청자들에게 그 상품의 장점을 가장 효과적인 방법으로 극대화시켜 보여줌으로써 사람들로 하여금 그 상품을 사고 싶은 마음이 들도록 하기 위해 최선을 다합니다.

청혼을 할 때에도 마찬가지입니다. 밋밋하게 '사랑한다'고 말하는 것보다 극적인 연출로 자신의 마음을 호소하면 누구나 감동을 받게 마련입니다.

그렇기 때문에 사람들은 사랑하는 사람을 감동시키기 위해 무진 애를 씁니다.

특히 남자들 중에는 청혼하기 전에 낭만적인 분위기를 연출하는 사람들이 많습니다.

드라마틱한 효과와 쇼맨십을 발휘한 덕분에 그녀와 결혼하게 됐어요.

따라하기 - 스무 번째 20

당신의 생각을 드라마틱하게 표현하라.
Dramatize your ideas.

21 선의의 경쟁심을 불러일으켜라

찰스 슈와브가 담당하고 있는 공장 중에서 유난히 실적이 오르지 않는 공장이 있었습니다.

어느 날 슈와브는 공장장을 불러 그 이유를 물어보았습니다.

당신은 상당히 수완이 좋고 유능한데 의외로 실적이 저조하니 어찌된 일이오.

저도 잘 모르겠습니다. 직원들을 설득도 해보고, 밀어붙이기도 하고 해고시키겠다고 위협도 해보았지만 소용이 없었습니다.

도무지 일을 하려고 하지 않습니다!

분필 하나만 갖다 주시겠소?

자신의 의도대로 상대방을 설득하는 12가지 방법

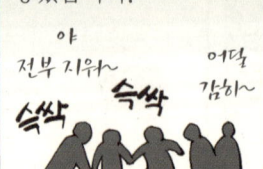

*하비 파이어스톤 : 미국의 가장 큰 타이어 제조 회사인 브리지스톤 파이어스톤의 창립자

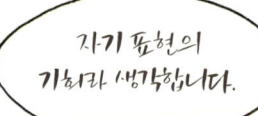

따라하기 - 스물한 번째

선의의 경쟁심을 불러일으켜라.
Throw down a challenge.

21세기형 리더가 될 수 있는 9가지 방법

22. 칭찬과 감사의 말로 시작하라.
    Begin with praise and honest appreciation.

23. 잘못을 간접적으로 알게 하라.
    Call attention to people's mistakes indirectly.

24. 상대방을 비난하기 전에 자신의 잘못을 먼저 인정하라.
    Talk about your own mistakes before criticizing the other person.

25. 직접적으로 명령하지 말고 부탁하라.
    Ask questions instead of giving direct orders.

26. 상대방의 자존심을 지켜주어라.
    Let the other person save face.

27. 사소한 일에도 칭찬을 아끼지 말라. 또한 진전이 있을 때마다 칭찬을 하라.
    "동의는 진심으로, 칭찬은 아낌없이" 하라.
    Praise the slightest improvement and praise every improvement.
    Be "hearty in your approbation and lavish in your praise".

28. 상대방에게 장점으로 동기부여하라.
    Give the other person a fine reputaion to live up to.

29. 격려하라. 잘못은 쉽게 고칠 수 있다고 느끼게 하라.
    Use encouragement and Make the fault seem easy to correct.

30. 상대방이 기분 나쁘지 않게 제안하라.
    Make the other person happy about doing the thing you suggest.

22 칭찬과 감사의 말로 시작하라

언젠가 제 친구가 *캘빈 쿨리지 대통령의 초대를 받아 백악관을 방문한 적이 있다고 합니다.

그런데 그가 대통령의 개인 집무실로 들어서자 대통령이 비서에게 이렇게 말하는 소리가 들려 왔습니다.

오늘 매우 예쁜 옷을 입고 왔군요. 참으로 매력적이오.

평소에 말수가 적은 대통령이 비서에게 그렇게 칭찬하는 것은 매우 드문 일이었습니다.

네?

아, 긴장할 것 없어요. 정말로 보기가 좋아서 하는 말이오.

그리고 이제부터는 구두점을 찍을때 좀더 주위를 기울여 주시오.

*캘빈 쿨리지 : 미국의 30대 대통령(재임 1923~1929)

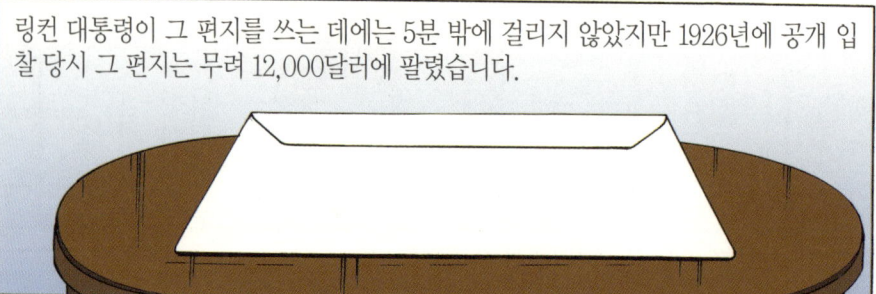

두 번째로 유명한 편지는 남북전쟁 당시 가장 어려운 시기였던 1863년 4월 26일에 조셉 후커 장군에게 보낸 것으로 18개월 동안 링컨이 이끄는 북군이 계속 패배의 쓴잔을 마시고 있을 때였습니다.

매일 늘어만 가는 사상자로 인해 온 국민은 절망의 늪에 빠져 있었고,

수천 명의 병사들은 전쟁터에서 탈영했으며 심지어 공화당의 상원위원조차 링컨을 퇴진시키려 했습니다.

그때 링컨은 이렇게 말했습니다.

우리는 지금 파멸 직전에 놓여 있소. 하나님조차 우리를 버리신 것 같소.

희망의 빛이라고는 아무데서도 찾아볼 수 없단 말이오.

그 편지는 이토록 비탄과 혼란으로 가득 찬 시기에 씌어졌습니다.

제가 여기서 이 편지를 인용하는 이유는 국가의 운명이 장군 한 사람의 행동에 달려 있을 수도 있었던 어려운 시점에서

링컨 대통령이 제 멋대로인 그 장군을 바로 잡으려고 어떤 노력을 기울였는가를 보여주기 위해서 입니다.

이 편지는 아마도 링컨 대통령이 쓴 것 중에서 가장 통렬한 편지일 것입니다. 그러나 당신은 링컨이 후커 장군의 치명적인 실패를 탓하기 전에 그를 칭찬하고 있음을 주목해야 할 것입니다.

사실, 후커 장군의 실수는 치명적인 것이겠지만 링컨은 그것을 두고 그렇게 표현하지 않았습니다.

링컨은 다음과 같이 온건하고 보다 외교적인 표현을 사용했습니다.

"내가 당신에게 만족을 느끼지 못하고 있는 몇 가지 일들이 있습니다."

이 얼마나 재치있고 외교적인 말입니까!

다음은 당시 링컨 대통령이 후커 장군에게 보낸 편지입니다. 정독해 보시기 바랍니다.

나는 귀관을 포토맥 전선 부대의 지휘관으로 임명했습니다. 물론 나는 귀관이 적임자라는 확신을 가지고 그런 결정을 내렸습니다만, 귀관에게 만족을 느끼지 못하고 있는 몇 가지 일들이 있다는 것을 생각해 주었으면 합니다. 나는 귀관이 용감하고 지략을 갖춘 군인이라고 믿고 있으며, 나는 그러한 군인을 좋아합니다. 또한 나는 귀관이 정치와 귀관의 임무를 혼동하지 않으리라 믿고 있습니다. 그 점에서 귀관은 당당합니다. 귀관은 자신에 대해 자부심을 갖고 있습니다. 그것은 불가결한 요소는 아니지만 소중한 것입니다. 귀관은 야심적인 의욕을 갖고 있습니다. 정도를 넘지 않는 한 좋은 일입니다. 그러나 번 사이드 장군의 지휘하에 있는 동안 귀관은 지나치게 자신의 야심에 사로잡혀 명령에 불복종함으로써 국가와 혁혁한 공훈을 쌓은 명예 있는 상관에게 중대한 과실을 범했습니다. 믿을 만한 소식통에 의하면 귀관은 '최근에 군대는 물론이고 독재자가 판을 치고 있다'는 이야기를 했다고 들었습니다. 그럼에도 불구하고 나는 귀관에게 지휘를 맡겼습니다. 성공을 거둔 장군만이 독재자로 추대될 수 있는 것입니다. 지금 내가 귀관에게 바라는 것은 군사적인 성공이며 나는 집권자로서 전쟁의 승리를 위해 독재정치의 위험도 무릅쓸 생각입니다. 우리 정부는 최대한의 노력을 기울여 귀하를 지원할 것입니다. 그러한 노력은 비단 귀하뿐만 아니라 모든 지휘관에게 똑같이 행해져 왔고 또 앞으로도 행해질 것입니다. 하지만 요즘들어 귀관의 언동에 영향을 받아 군대 내에서 상관을 비판하고 사기가 떨어지는 풍조가 생겨난다고 하니 그 영향이 귀관에게 되돌아가는 것은 아닌지 걱정이 됩니다. 나는 될 수 있는 한 귀관을 도와 그와 같은 사태 발생을 막으려고 합니다. 그러한 풍조가 군대에 팽배해 있다면 귀관이 아닌 나폴레옹이 다시 살아난다 히더라도 우수한 군대를 만드는 것은 불가능할 것입니다. 지금은 경솔한 언동을 경계해야 할 때입니다. 경거 망동을 삼가고 전심 전력을 다해 우리에게 최후의 승리를 안겨 주기를 부탁하는 바입니다.

따라하기-스물두 번째 22

칭찬과 감사의 말로 시작하라.
Begin with praise and honest appreciation.

23 잘못을 간접적으로 알게 하라

하루는 찰스 슈와브가 자신이 경영하던 제철공장을 돌아보다가 종업원 몇 명이 담배를 피우고 있는 모습을 보게 되었습니다. 그들의 머리 바로 위에 '금연'이라는 푯말이 붙어있었음에도 불구하고 그들은 그곳에서 버젓이 담배를 피우고 있었던 것입니다.

그때, 슈와브가 푯말을 가리키며 "당신들은 글도 못 읽나?"라고 했을까요?

후훗
물론 안 했죠.

천만의 말씀입니다. 슈와브는 그런 사람이 아니었습니다.

일하느라 수고가 많네.

아~ 네!

한 개피씩 가져가게.

분명히 규칙위반임을 알면서도 그 점에 대해서는 일언반구도 없이 오히려 담배를 내주었던 것입니다.

하지만 밖에 나가서 피워주면 참 고맙겠네. 위험하니까.

네. 죄송합니다.

물론 종업원들은 자신들의 체면을 먼저 생각해 준 슈와브를 존경하게 되었습니다.

어느 누가 이런 사람을 좋아하지 않을 수 있겠습니까?

1887년 3월 8일, 뛰어난 설교가인 헨리 워드 비처가 사망하자, 그의 후임으로 라이먼 애보트가 초청되어 설교를 하게 되었습니다.

마음의 부담이 컸던 애보트는 수십 번도 넘게 설교문을 쓰고 지우는 일을 되풀이 했습니다.

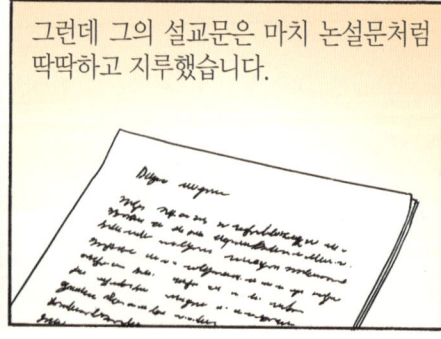
마침내 설교문이 완성되자, 그 글을 아내에게 읽어주었습니다.

그런데 그의 설교문은 마치 논설문처럼 딱딱하고 지루했습니다.

그녀는 남편의 글을 칭찬하면서 동시에 논문이라면 몰라도 설교문으로는 적당치 않다는 것을 넌지시 암시했던 것입니다.

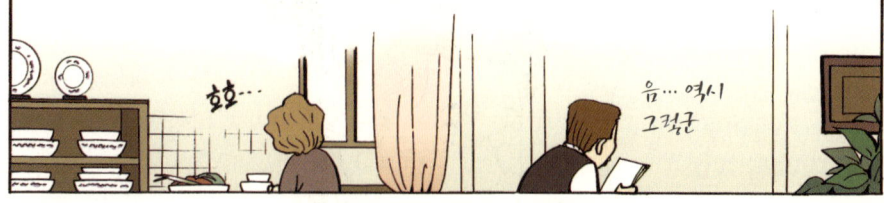

라이먼 애보트는 아내의 뜻을 이해하고 열심히 준비했던 설교문을 찢어 버렸습니다. 그리고 아예 글을 작성하지 않고 즉석 연설을 했습니다. 물론 그의 연설은 생동감이 넘쳐흐르는 훌륭한 것이었습니다.

다른 사람의 실수를 바로잡아 주는데 있어서 효과적인 방법은 잘못을 간접적으로 알게 하는 것입니다.

따라하기 - 스물세 번째 23

잘못을 간접적으로 알게 하라.
Call attention to people's mistakes indirectly.

24 상대방을 비난하기 전에 자신의 잘못을 먼저 인정하라

자신의 실수를 먼저 인정하면 다른 사람의 행동을 바꿀 수 있습니다.

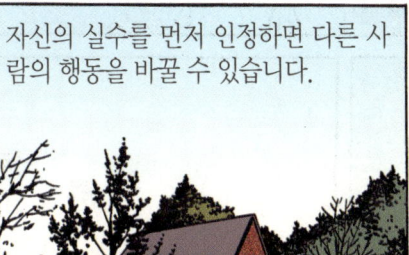

메릴랜드의 티모니움에 살고 있는 클레런스 제르허센은 최근 15살짜리 아들이 담배를 피운다는 사실을 알고 나서 다음과 같이 대처했습니다.

제르허센은 이렇게 말합니다.

저는 데이비드가 담배 피우는 것을 원치 않았습니다. 하지만 저도 담배를 피우고 있었죠. 말하자면 제가 그 애에게 나쁜 본보기를 보여준 셈입니다.

저는 데이비드에게 제가 그 애 나이 또래에 담배를 피우기 시작했던 일과 니코틴 때문에 건강을 해치게 된 일 그리고 이제는 담배를 끊는 일이 힘들어졌다는 것을 설명해 주었습니다.

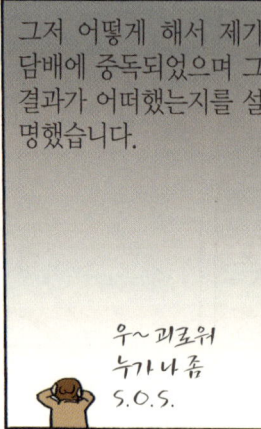

따라하기 - 스물네 번째 24

상대방을 비난하기 전에 자신의 잘못을 먼저 인정하라.
Talk about your own mistakes before criticizing the other person.

25. 직접적으로 명령하지 말고 부탁하라

남아프리카의 요하네스버그에 사는 이안 맥도날드는 정밀기기 부품을 전문으로 생산하는 조그만 공장의 공장장이었습니다. 어느 날 그는 매우 큰 규모의 주문을 받게 되었습니다.

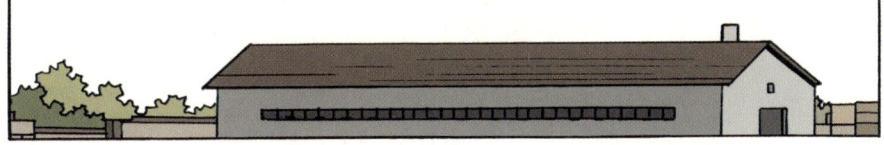

그러나 아무리 궁리를 해보아도 납품 기한을 맞출 수가 없을 것 같았습니다.

그 공장의 작업 스케줄이나 짧은 납품기일을 감안했을때 주문을 받아들이는 것이 불가능해 보였던 것입니다. 하지만 그는 일을 해내고 싶었습니다.

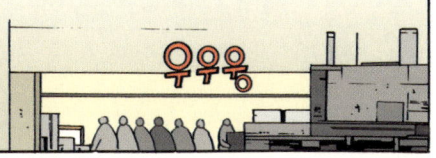

생각다 못해 그는 직공들에게 무조건 일을 더 많이 그리고 더 열심히 하라고 명령하는 대신 그들을 한 곳에 모아놓고 상황을 설명해주었으며 제 날짜에 주문량을 생산해냈을 때, 회사와 그들에게 돌아갈 커다란 이득에 대해 자세히 알려주었습니다.

"여러분! 다 모여 보세요!"

"중요한 일이 있습니다!"

21세기형 리더가 될 수 있는 9가지 방법　195

따라하기-스물다섯 번째

직접적으로 명령하지 말고 부탁하라.
Ask questions instead of giving direct orders.

26 상대방의 자존심을 지켜주어라

몇 년 전, 제너럴 일렉트릭 사는 기획 부서장인 *찰스 스타인메츠를 다른 부서로 이동시켜야 하는 미묘한 상황에 처하게 되었습니다.

스타인메츠는 전기에 관해서는 천재적이었지만 기획 부서장으로는 부적격한 인물이었던 것입니다.

이때 회사는 그의 자존심에 상처를 주지 않고 그가 맡았던 부서장 자리를 다른 사람에게 맡기는 지혜를 발휘했습니다.

결국 제너럴 일렉트릭 사는 스타인메츠를 위해 전기 고문기사라는 새로운 직함을 만들었으며, 그 또한 그 직함을 아주 만족스러워 했습니다. 그리고 제너럴 일렉트릭 사의 간부들 역시 성미가 괴팍한 인물의 인사문제를 말썽없이 처리할 수 있었습니다.

*찰스 스타인메츠 : 독일 출생의 미국 전기공학자(1865~1923)

 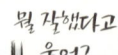   

 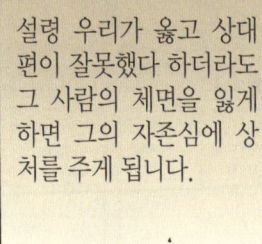  

"나에게는 상대방을 위축시킬 수 있는 말이나 행동을 할 권리가 없다. 중요한 것은 내가 그 사람에 대해 어떻게 생각하느냐가 아니고 상대방이 자기 자신에 대해 어떻게 생각하느냐 하는 것이다. 사람의 존엄성에 상처를 주는 것은 죄악이다."

*생텍쥐페리 : 『어린왕자』의 작가로 유명한 프랑스의 소설가(1900~1944)

따라하기 - 스물여섯 번째

상대방의 자존심을 지켜주어라.
Let the other person save face.

27 사소한 일에도 칭찬을 아끼지 말라

또한 진전이 있을 때마다 칭찬을 하라.
"동의는 진심으로, 칭찬은 아낌없이" 하라

피트 발로우는 제 오랜 친구입니다.

그는 동물쇼를 하면서 평생을 서커스와 곡마단을 따라 돌아다녔습니다.

저는 피트가 개를 훈련시키는 모습을 종종 구경하곤 했습니다.

어떤 개가 조금이라도 잘하면 피트는 그 개를 쓰다듬고 칭찬해주면서 고기를 던져주었습니다.

사실, 이 방법은 새로운 것이 아니라 오래 전부터 동물 조련사들이 사용해 왔던 방법입니다.

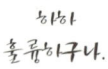

그녀는 아들에게 음악 강습을 받게 하기 위해 부지런히 일해서 돈을 저축했습니다.

그 소년은 다름아닌 당대의 가장 훌륭하고 유명한 성악가, *엔리코 카루소입니다.

가난했지만 따뜻한 마음을 지닌 어머니의 칭찬과 격려가 그 소년의 생애를 바꿔 놓은 것입니다.

능력은 비난 속에서는 시들지만,
격려 가운데서는 찬란한 꽃을 피우는 법입니다.

*엔리코 카루소 : 20세기 초 오페라 황금 시대를 구축한 이탈리아의 테너 가수

따라하기 - 스물일곱 번째

사소한 일에도 칭찬을 아끼지 말라. 또한 진전이 있을 때마다 칭찬을 하라.
"동의는 진심으로, 칭찬은 아낌없이" 하라.

Praise the slightest improvement and praise every improvement.
Be "hearty in your approbation and lavish in your praise".

28 상대방에게 장점으로 동기부여하라

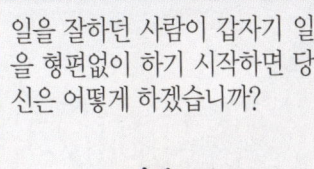
일을 잘하던 사람이 갑자기 일을 형편없이 하기 시작하면 당신은 어떻게 하겠습니까?

그야 당연히 해고 내겠죠

당신은 그 사람을 해고 시킬 수도 있지만, 그것으로 문제가 해결되는 것은 아닙니다.

맞아요. 전문가들은 더욱...

혹독하게 야단을 칠수도 있지만, 그러면 오히려 반감을 불러일으키게 됩니다.

주로 내가 쓰는 방법인데...

사무엘 보크레인이 볼드윈 기관차 공장의 사장으로 있을 때, 이런 말을 한 적이 있습니다.

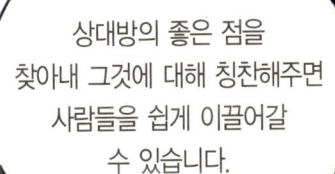
상대방의 좋은 점을 찾아내 그것에 대해 칭찬해주면 사람들을 쉽게 이끌어갈 수 있습니다.

만일 당신이 어떤 사람의 특정한 면을 개선시키고자 한다면 바로 그 특정한 면이 그 사람의 장점인 것처럼 이야기하십시오!

당신의 단점이 당신의 장점이요!

뭐라구요?!

셰익스피어는 이렇게 말했습니다.

만일 그대가 지닌 장점이 없으면 장점이 있는 것처럼 생각하고 행동하십시오!

다른 사람들에게 당신이 계발시켜 주고 싶은 장점이 있다면 그것에 대해 자주 말하십시오.

그들의 장점을 칭찬하십시오. 그러면 그들은 당신을 실망시키지 않으려고 온갖 노력을 다할 것입니다.

이런 속담이 있습니다.

'개에게 나쁜 이름을 지어주느니 차라리 개의 목을 매달아 버리는 편이 나을 것이다'

따라하기 - 스물여덟 번째 38

상대방에게 장점으로 동기부여하라.
Give the other person a fine reputaion to live up to.

29 격려하라
잘못은 쉽게 고칠 수 있다고 느끼게 하라

아이들, 배우자, 직원들을 무능하다거나 재능이 없다거나 제대로 하는 일이 하나도 없다고 비난한 적이 있습니까?

그렇다면 당신은 그들이 지니고 있던 잘해 보고자 하는 마음의 싹조차 모조리 파괴해 버린 셈입니다.

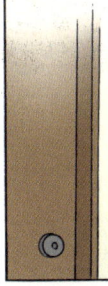

그 반대 방법을 한 번 사용해 보십시오.

즉, 격려를 아끼지 않고 일을 쉽게 할 수 있다고 생각하게 하고 당신이 상대방의 능력을 믿고 있다는 것을 알려주십시오.

그러면 그 사람은 자신의 우수성을 증명하기 위해 의욕을 갖고 성공할 때까지 꾸준히 그 일을 해나갈 것입니다.

흠~ 사실 더 잘할 수 있는데...

더 열심히 해서 놀라게 해 드려야지......

인간관계에 있어서 뛰어난 재능을 지녔던 로웰 토마스는 이런 방법을 사용했습니다.

저는 사람들에게 자신감을 불어넣어 주고 용기와 신념을 갖도록 격려해 주었습니다.

다른 사람이 발전하도록 도와 주고 싶다면 이 원칙을 이용해 보십시오.

따라하기 - 스물아홉 번째 29

격려하라. 잘못은 쉽게 고칠 수 있다고 느끼게 하라.
Use encouragement and Make the fault seem easy to correct.

30 상대방이 기분 나쁘지 않게 제안하라

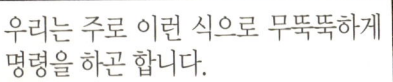

물론 이렇게 표현을 달리한다고 해서 존이 기쁜 마음으로 일을 하는 것은 아닙니다. 하지만 자신의 이익을 암시하지 않는 것보다는 훨씬 의욕이 생길 것입니다.

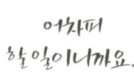

만약 존이 창고의 청결함에 자부심을 느끼고 점포의 이미지 향상에 기여한다는데 관심을 갖고 있다면 그는 더욱더 일에 협조적일 것입니다.

하지만 이러한 방법으로 다른 사람들로부터 항상 호의적인 반응을 얻을 수 있는 것은 아닙니다.

그래도 많은 사람들이 이러한 원칙을 사용하는 것이 사용하지 않을 때보다 다른 사람의 태도를 바꾸는데 도움이 된다는 것을 입증하고 있습니다.

그리고 이 방법으로 만일 10%라도 성공을 거둔다면 당신은 현재보다 10% 더 유능한 리더가 되는 셈입니다.

훌륭한 리더는 사람의 행동이나 태도를 바꿀 필요를 느꼈을때, 다음과 같은 사항을 늘 염두에 두고 있어야 합니다.

1. 리더는 성실해야 한다. 섣부른 약속은 하지 말고 자신에 대한 이익보다 다른 사람에 대한 이익에 집중한다.

2. 리더는 다른 사람이 무엇을 원하는지 정확하게 알고 있어야 한다.

3. 리더는 상대방의 의견에 진심으로 동감할 줄 알아야 한다.

4. 리더는 상대방이 제의하는 일을 함으로써 그 사람이 어떤 이익을 얻게 되는지를 생각해야한다.

5. 리더는 자신의 이익과 다른 사람의 소망을 일치시킬 줄 안다.

6. 리더는 누군가에게 부탁할 때, 그 일을 통해 상대방에게 돌아가는 이익에 대해 암시할 줄 안다.

따라하기-서른 번째 30

상대방이 기분 나쁘지 않게 제안하라.
Make the other person happy about doing the thing you suggest.

「카네기 인간관계 30가지 따라하기」 HOW TO GAME v2.0

200   년   월   일

날짜		실 천 항 목	읽기 실천	집에서 실천	직장에서 실천	총점	체크 횟수
1	1부 사람을 움직이는 3가지 비밀	비난이나 비평, 불평하지 말라					
2		솔직하고 진지하게 칭찬하라					
3		다른 사람들의 강한 욕구를 불러일으켜라					
4	2부 같이 있으면 편안해지는 좋은 사람들의 6가지 비밀	다른 사람들에게 순수한 관심을 기울여라					
5		미소를 지어라					
6		이름을 잘 기억하라					
7		경청하라					
8		상대방의 관심사에 대해 이야기하라					
9		상대방으로 하여금 자신이 중요하다는 느낌이 들게 하라					
10	3부 자신의 의도대로 상대방을 설득하는 12가지 방법	논쟁에서 이길수 있는 유일한 방법은 그것을 피하는 것이다					
11		상대방의 견해를 존중하라					
12		잘못 했으면 즉시 분명한 태도로 고것을 인정하라					
13		우호적인 태도로 말을 시작하라					
14		상대방으로부터 적극적인 긍정을 얻어내라					
15		상대방이 말에 귀를 기울여라					
16		상대방과 당신의 아이디어를 공유하라					
17		상대방의 입장에서 사물을 이해하라					
18		상대방과 공감대를 가져라					
19		보다 고상한 동기에 호소하라					
20		당신의 생각을 드레마틱하게 표현하라					
21		선의의 경쟁심을 불러일으켜라					
22	4부 21세기형 리더가 될 수 있는 9가지 방법	칭찬과 감사의 말로 시작하라					
23		잘못을 간접적으로 알게 하라					
24		상대방을 비난하기 전에 자신의 잘못을 먼저 인정하라					
25		직접적으로 명령하지 말고 부탁하라					
26		상대방의 자존심을 지켜주어라					
27		사소한 일에도 칭찬을 아끼지 말라					
28		상대방에게 정평으로 동기부여하라					
29		격려하라					
30		상대방이 기꺼이 나쁘지 않게 재안하라					
		합 계					

절취선

『카네기 인간관계 30가지 따라하기』 HOW TO GAME v2.0

HOW TO GAME 진행 방법

1_ 먼저 참여자를 정하여 참여자들에게 본 게임을 주며 설명합니다.
2_ 서로가 만화를 읽고(1점) 그날 가정에서 실천하고(2점), 직장에서 실천하여(2점) 점수를 기록해 나갑니다.
3_ 각부가 끝나는 날(3일, 9일, 21일, 30일째) 자녀에 직장에서 가정에서 게임 참여자가 모여 서로가 그날이 지켜야 할 인간관계 항목을 지키지 않은 사람이 있다면 체크해줍니다. 이때 주의할 점은 상대방에게 지적 당한 사람은 이의를 제기할 수 없다는 점입니다. 무조건 인정해야 합니다.
4_ 게임 참여자에 의해 체크 당한 경우 점수 계산은 다음과 같습니다.
 * 가정에서나 직장에서 모두 그날의 실천항목을 실천하여 가정에서 2점 점수와 직장에서 2점 점수를 준 경우라도 게임 룰에 의해 게임 참가자에 의해 지키지 못했음을 지적 받으면 그 즉시 점수는 마이너스 점수로 변경됩니다. 본인의 생각과 상관없이 게임 참가자의 판단에 의해 체크되면 마이너스 점수가 된다는 점을 유의하시기 바랍니다.
 단, 가정에서만 지키지 못한 경우는 가정 점수만 마이너스로 바꿉니다.
 * 상대에 의해 지적된다는 점은 기본이 성할 것이라 생각될 수 있으나 본 게임의 취지는 바로 이런 인간관계를 깨우쳐 바른 습관을 들이기 위한 소중한 게임이라는 것을 잊지 마시기 바랍니다.
5_ 그 외의 게임 방법은 조금씩 변형하여 본 취지를 살려서 진행하시기 바랍니다.
 집과 가정 밖에서도 친구들 간에도 진행할 수 있으며 벌금을 한번 체크 당할 때마다 금액을 정할 수 있습니다.(예: 1회당 백원, 천원, 만원 등)
 반드시 벌금을 걷어나 경우 매 게임 진행 3일, 9일, 21일, 30일째는 걷어진 벌금으로 또는 다과를 즐기면서 각 부별 우승자와 본인의 지적능과 인간관계를 세부적으로 들여다보거나 서로 격려하면서 인간관계 훈련을 위한 좋은 시간으로 활용하시기 바랍니다. 29일 또는 28일 끝나는 경우는 그 달일로 경기가 종료됩니다.
 * 31일은 만화 정독하고 30일간의 진행표를 중심으로 자신의 장단점을 분석하고 '나를 공부하는 시간'으로 활용하시기 바랍니다.

■ 채점 기준

구 분		총 점
읽기 실천	1점을 준다	30
집에서 실천	2점을 준다	60
직장에서 실천	2점을 준다	60
합 계		150

■ 게임 참여자 List

	가정 참여자	직장 참여자

우승자 기록

		가정 게임	직장 게임	기타 게임
1부 우승자				
2부 우승자				
3부 우승자				
4부 우승자				
종합우승자				

도서출판 아름다운사회 경기도 하남시 감북동 125번지 / TEL : 02.488.4638 / FAX : 02.488.4639 / www.bizbooks.co.kr / bizbooks@naver.com (출판광고 접수메일)